essentials

Essentials liefern aktuelles Wissen in konzentrierter Form. Die Essenz dessen, worauf es als „State-of-the-Art" in der gegenwärtigen Fachdiskussion oder in der Praxis ankommt. *Essentials* informieren schnell, unkompliziert und verständlich

- als Einführung in ein aktuelles Thema aus Ihrem Fachgebiet
- als Einstieg in ein für Sie noch unbekanntes Themenfeld
- als Einblick, um zum Thema mitreden zu können

Die Bücher in elektronischer und gedruckter Form bringen das Fachwissen von Springerautor*innen kompakt zur Darstellung. Sie sind besonders für die Nutzung als eBook auf Tablet-PCs, eBook-Readern und Smartphones geeignet. *Essentials* sind Wissensbausteine aus den Wirtschafts-, Sozial- und Geisteswissenschaften, aus Technik und Naturwissenschaften sowie aus Medizin, Psychologie und Gesundheitsberufen. Von renommierten Autor*innen aller Springer-Verlagsmarken.

Alexander Brödner

Methoden der Begriffsbildung im Philosophie- und Ethikunterricht

Zur Förderung einer Kompetenz (selbst)kritischen Denkens

Alexander Brödner
Berlin, Deutschland

ISSN 2197-6708 ISSN 2197-6716 (electronic)
essentials
ISBN 978-3-658-47728-8 ISBN 978-3-658-47729-5 (eBook)
https://doi.org/10.1007/978-3-658-47729-5

Die Deutsche Nationalbibliothek verzeichnet diese Publikation in der Deutschen Nationalbibliografie; detaillierte bibliografische Daten sind im Internet über https://portal.dnb.de abrufbar.

© Der/die Herausgeber bzw. der/die Autor(en), exklusiv lizenziert an Springer Fachmedien Wiesbaden GmbH, ein Teil von Springer Nature 2025

Das Werk einschließlich aller seiner Teile ist urheberrechtlich geschützt. Jede Verwertung, die nicht ausdrücklich vom Urheberrechtsgesetz zugelassen ist, bedarf der vorherigen Zustimmung des Verlags. Das gilt insbesondere für Vervielfältigungen, Bearbeitungen, Übersetzungen, Mikroverfilmungen und die Einspeicherung und Verarbeitung in elektronischen Systemen.
Die Wiedergabe von allgemein beschreibenden Bezeichnungen, Marken, Unternehmensnamen etc. in diesem Werk bedeutet nicht, dass diese frei durch jede Person benutzt werden dürfen. Die Berechtigung zur Benutzung unterliegt, auch ohne gesonderten Hinweis hierzu, den Regeln des Markenrechts. Die Rechte des/der jeweiligen Zeicheninhaber*in sind zu beachten.
Der Verlag, die Autor*innen und die Herausgeber*innen gehen davon aus, dass die Angaben und Informationen in diesem Werk zum Zeitpunkt der Veröffentlichung vollständig und korrekt sind. Weder der Verlag noch die Autor*innen oder die Herausgeber*innen übernehmen, ausdrücklich oder implizit, Gewähr für den Inhalt des Werkes, etwaige Fehler oder Äußerungen. Der Verlag bleibt im Hinblick auf geografische Zuordnungen und Gebietsbezeichnungen in veröffentlichten Karten und Institutionsadressen neutral.

Planung/Lektorat: Frank Schindler
Springer VS ist ein Imprint der eingetragenen Gesellschaft Springer Fachmedien Wiesbaden GmbH und ist ein Teil von Springer Nature.
Die Anschrift der Gesellschaft ist: Abraham-Lincoln-Str. 46, 65189 Wiesbaden, Germany

Wenn Sie dieses Produkt entsorgen, geben Sie das Papier bitte zum Recycling.

Was Sie in diesem *essential* finden können

- theoretische Grundlagen der fachphilosophischen Diskussion dazu, was ein Begriff ist, sowie didaktische Konsequenzen aus der Konzeption von Begriffen als Fähigkeiten
- eine Konzeption von Begriffsbildung als unterrichtlicher Konzeptwechsel im Rahmen einer kritischen Aufklärung der Alltagssprache
- ein allgemeines und breit anwendbares unterrichtspraktisches Lehr-Lern-Modell zur Begriffsbildung inklusive hilfreicher lerntheoretischer Hintergründe – formuliert im Paradigma der Lernproduktorientierung als Ergänzung zum problemorientierten Unterricht
- drei fachspezifische Methoden zur Begriffsbildung und Schulung einer Kompetenz des kritischen Denkens: Genealogie, Dekonstruktion und immanente Kritik
- eine erweitere und ausdifferenzierte Konzeption von problemorientiertem Unterricht
- eine Typologie von ausgewählten methodenspezifischen Problemtypen als Handwerkszeug für eine kritische Begriffsbildung
- prägnante Unterrichtsbeispiele zur Veranschaulichung der theoretischen Überlegungen und als Anhaltspunkte für die konkrete Gestaltung von Philosophie- und Ethikunterricht

Inhaltsverzeichnis

1 Einleitung 1
2 Der Begriff des Begriffs im philosophiedidaktischen Kontext 3
   2.1 Die fachphilosophische Debatte um den Begriff des Begriffs 3
   2.2 Begriffe als Fähigkeiten 6
   2.3 Reflexion auf die Trennung zwischen Begriffen und
       Kompetenzen 7
   2.4 Lerntheoretische Rahmenbedingungen von philosophischer
       Begriffsbildung 10
   2.5 Konzeptwechsel als kritische Selbstaufklärung der
       Alltagssprache 11
   2.6 Begriffliche Selbstaufklärung als philosophische Kompetenz 13
   2.7 Zwischenfazit 16

3 Allgemeines Lehr-Lern-Modell zur philosophischen
   Begriffsbildung 19
   3.1 Unterrichtspraktisches Szenario: Eine Reihe zum Thema
       Verteilungsgerechtigkeit 20
   3.2 Problemorientierung als Lernkontext für Begriffsverständnisse ... 21
   3.3 Begriffe als Lernprodukte 23
   3.4 Ein Lehr-Lern-Modell für philosophische Begriffsbildung 26
   3.5 Zusammenspiel zwischen Aktivität der Lehrkraft und Aktivität
       der Schüler*innen sowie der Darstellungsebenenwechsel zum
       vertiefenden Üben 29
   3.6 Zwischenfazit 33

4 Besondere philosophische Methoden zur kritischen Begriffsbildung 35
   4.1 Philosophische Probleme aus didaktischer Perspektive 36
   4.2 Die methodische Pluralität der Begriffsbildung im problemorientierten Unterricht 38
   4.3 Typologie von methodenspezifischen Problemtypen zur kritischen Begriffsbildung 41

Was Sie aus diesem *essential* mitnehmen können 45

Literatur 47

Über den Autor

Alexander Brödner, Dr. phil., studierte Philosophie, Physik und Mathematik sowie Erziehungswissenschaften in Erlangen-Nürnberg, Moskau, Berlin und Chicago und promovierte 2019 im Fach Philosophie an der Freien Universität Berlin. Er war wissenschaftlicher Mitarbeiter (Post-Doc) an der Professur für Sozialphilosophie der Universität Bayreuth, Visiting Scholar am Department of Philosophy der University of Chicago und forschte im Berliner Exzellenzclusters MATH+. Das Zweite Staatsexamen im Lehramt erwarb er in Berlin und unterrichtet derzeit an einem Berliner Gymnasium.

Einleitung 1

Während es zur Kompetenz des Argumentierens vielfältige Veröffentlichungen gibt, ist der ebenso wichtigen Kompetenz der philosophischen und ethischen Begriffsbildung im Unterricht bisher nur wenig Aufmerksamkeit gewidmet worden. An dieser Leerstelle in der Einführungsliteratur setzt das vorliegende Buch an. Das Essential wendet sich an Philosophie- und Ethik-Lehrkräfte sowie Didaktiker*innen und verbindet dementsprechend eine didaktische und eine unterrichtspraktische Perspektive. Anliegen ist es, theoretische Grundlagen und praktisches Handwerkszeug zur Verfügung zu stellen, das dazu dient, die Kompetenz einer kritischen Begriffsbildung im Philosophie- und Ethikunterricht zu vermitteln. Eine solche Kompetenz kann letztendlich auch über den Unterricht hinaus und außerhalb des schulischen Raums wirksame Anwendung finden.

Zunächst wird im ersten Kapitel der Begriff des Begriffs im philosophiedidaktischen Kontext beleuchtet. Vor dem Hintergrund der fachphilosophischen Debatte um den Begriff des Begriffs wird eine Konzeption von Begriffen als Fähigkeiten skizziert. Diese Konzeption wirft neues Licht auf die Trennung zwischen begrifflichen Fachkenntnissen einerseits und Kompetenzen andererseits. In einer kritischen Auseinandersetzung mit dem sogenannten Konzeptwechsel als unterrichtspraktischem Handwerkszeug werden lerntheoretische Rahmenbedingungen von philosophischer Begriffsbildung deutlich, womit sich im Ergebnis begriffliche Selbstaufklärung als ein grundlegendes Ziel des Ethik- und Philosophieunterrichts darstellt.

Im zweiten Kapitel wird ein Lehr-Lern-Modell zur allgemeinen philosophischen Begriffsbildung vorgestellt. Dazu wird mit einer beispielhaften Unterrichtsreihe zum Thema Verteilungsgerechtigkeit gearbeitet, an der das vorgeschlagene

Lehr-Lern-Modell veranschaulicht wird. Außerdem wird im zweiten Kapitel eine Orientierung am Lernprodukt als Ergänzung zum philosophiedidaktischen Paradigma der Problemorientierung vorgeschlagen. Zum vertiefenden Üben von Begriffsverständnissen wird ein lerntheoretisch fundierter Darstellungsebenenwechsel dem allgemeinen Lehr-Lern-Modell für die unterrichtliche Praxis an die Seite gestellt.

Im dritten Kapitel erfolgt eine Annäherung an besondere philosophische Methoden zur spezifisch kritischen Begriffsbildung, nämlich Genealogie, Dekonstruktion und immanente Kritik. Dazu wird ein Verständnis von Problemorientierung vorgestellt, das auf einem (i) weiten, (ii) methodenspezifischen, (iii) konkreten und (iv) lösungsoffenen Problemverständnis fußt. Mit einem solchen Verständnis kann problemorientierter Unterricht der methodischen Pluralität der Begriffsbildung gerecht werden. Beispielhaft werden diese Überlegungen an einem Unterrichtsbeispiel zum Thema Geschlecht mit einem Text von Rousseau als unterrichtlicher Grundlage veranschaulicht. Zusammenfassend wird eine Typologie von ausgewählten methodenspezifischen Problemtypen als Handwerkszeug für eine kritische Begriffsbildung im Philosophieunterricht entworfen.

Im Hintergrund der hier vorgestellten Methoden der Begriffsbildung steht auch das Ziel der Förderung einer Kompetenz (selbst)kritischen Denkens. Die Schulung begrifflicher Selbstaufklärung (Kap. 1) hat zum Ziel Probleme, die durch die alltägliche Redepraxis und darin vorherrschende Begriffe auftreten, durch philosophische Intervention zu reflektieren und gegebenenfalls auch zu kritisieren. Dabei werden nicht nur die Begriffe der anderen Teilnehmenden einer Redepraxis reflektiert, sondern ebenso die je eigenen Begriffe. In diesem Sinne wird eine Form des *selbst*kritischen Denkens eingeübt. Die vorgestellten spezifischen Methoden einer kritischen Begriffsbildung (Kap. 3) haben ebenso eine spezifische Art des kritischen Denkens zum Ziel. Diese spezifische Art des kritischen Denkens im Bildungskontext ist ein prozessorientierter Ansatz, der bestehende Denkmuster und vermeintliche Gewissheiten – die je eigenen dabei nicht ausgenommen – hinterfragt und gesellschaftliche Strukturen in ihren historischen, ökonomischen und sozialen Zusammenhängen reflektiert.

Der Begriff des Begriffs im philosophiedidaktischen Kontext 2

Ausgangspunkt des ersten Kapitels ist die fachdidaktische Frage nach dem Verhältnis von begrifflichen Fachkenntnissen und Kompetenzorientierung im Philosophie- und Ethikunterricht. Vor dem Hintergrund der fachphilosophischen Debatte um den Begriff des Begriffs wird eine Konzeption von Begriffen als Fähigkeiten skizziert. Diese Konzeption wirft in einem ersten Schritt neues Licht auf die Trennung zwischen begrifflichen Fachkenntnissen einerseits und Kompetenzen andererseits. Zweitens werden – im Zuge einer kritischen Auseinandersetzung mit dem sogenannten Konzeptwechsel als unterrichtspraktischem Handwerkszeug – lerntheoretische Rahmenbedingungen von philosophischer Begriffsbildung deutlich. Im Ergebnis stellt sich begriffliche Selbstaufklärung als ein grundlegendes Ziel des Ethik- und Philosophieunterrichts dar.

2.1 Die fachphilosophische Debatte um den Begriff des Begriffs

Der Begriff des Begriffs gehört zu den notorisch umstrittenen Wissensbeständen in der philosophischen Tradition von der Antike bis in die zeitgenössische Debatte. Trotz vielfältiger Uneinigkeiten darüber, was ein Begriff ist, lassen sich Begriffe aus Sicht der Sprachphilosophie als die Bedeutung bestimmter Wörter einer Sprache verstehen (Demmerling & Schröder 2021; Nimtz & Langkau 2010). Zumeist wird dabei an generelle Termini (Klassifizierungen von Gegenständen) gedacht, aber beispielsweise auch Konjunktionen (wie „und"/„oder") und singuläre Termini (beispielsweise Eigennamen) werden teilweise als Begriffe verstanden. Dabei sei die Unterscheidung zwischen Begriffen und Wörtern betont. Wenn im Folgenden von Begriffen die Rede ist, so meint dies nicht die Wörter einer Sprache, sondern die damit verbundene Bedeutung beziehungsweise das damit markierte Konzept. So werden in unterschiedlichen Sprachen mit verschiedenen Wörtern dieselben Konzepte bezeichnet. Eine Sprache zu lernen bedeutet unter anderem, zu lernen, mit welchen Wörtern welche Begriffe (als Konzepte) bezeichnet werden. Wenn beispielsweise eine Person den sprachlichen Ausdruck „gerecht" korrekt anzuwenden weiß, ist es zumeist angemessen, zu konstatieren, dass diese Person einen Begriff von gerecht hat.

Was ihren ontologischen Status betrifft, lassen sich (neben zwei weiteren gängigen Verständnissen[1]) Begriffe als Fähigkeiten verstehen (Laurence & Margolis 2021). Dieser Konzeption zufolge heißt, über einen Begriff zu verfügen, über eine (vernünftige) Fähigkeit zu verfügen (und umgekehrt). Dies bietet eine Alternative zu den beiden anderen gängigen Ansätzen bezüglich des ontologischen Status von Begriffen, nämlich einerseits zum subjektivistischen Ansatz (Begriffe als mentale Repräsentationen) und andererseits zum objektivistischen Ansatz (Begriffe als abstrakte Entitäten) (Glock 2010). Philosophiehistorisch ist die Auffassung von Begriffen als Fähigkeiten noch recht jung und geht auf den späten Wittgenstein zurück. Welche Fähigkeiten genau mit dem „Haben" von Begriffen verbunden sind oder mit Begriffen identifiziert werden, ist in der zeitgenössischen Debatte umstritten. Die Fähigkeit, (a) zu kategorisieren oder zu unterscheiden beziehungsweise Urteile zu fällen, und die Fähigkeit, (b) Schlussfolgerungen zu ziehen, werden aber oft als wesentlich angesehen (Brandom 1994, 79 ff.).

Die erkenntnistheoretische Bedeutsamkeit der Kategorisierung oder Klassifikation von Gegenständen liegt darin, dass Einzelnes als solches nicht unmittelbar erkannt beziehungsweise verstanden werden kann. Erst wenn es in Relation

---

[1] Begriffe können des Weiteren auch als *abstrakte Entitäten* oder *mentale Repräsentationen* verstanden werden. Als *abstrakten Entitäten* kommt Begriffen eine eigenständige, von den Akten einzelner Denker*innen unabhängige Existenz zu. Philosophiehistorisch geht dies bis auf Platons Ideenlehre zurück. In der zeitgenössischen Debatte wird dieser Begriff des Begriffs zumeist mit Bezug auf Frege konturiert, der Begriffe sowohl von subjektiven Vorstellungen beziehungsweise mentalen Zuständen als auch von Gegenständen in der Außenwelt abgrenzt (Frege 1892b, 1892a). Als *mentale Repräsentationen* existieren Begriffe im Geist oder auch im Gehirn von denkenden Lebewesen. Philosophiehistorisch geht diese Auffassung auf Locke und Hume zurück. In der aktuellen Debatte wird diese Position hauptsächlich im Zusammenhang mit repräsentationalen Theorien des Geistes wie auch in den Kognitionswissenschaften vertreten (Carey 2009). Dabei werden Begriffe als Repräsentationen oft als physische oder neuronale Entitäten verstanden, deren Inhalt sich aufgrund von kausalem Kontakt zur Außenwelt ergibt (Fodor 2010).

2.1 Die fachphilosophische Debatte um den Begriff des Begriffs

zu anderem betrachtet wird, ist es als etwas Bestimmtes verständlich. Es wird dadurch verständlich als etwas, das sich von anderem unterscheidet und wieder anderem ähnlich ist. Begriffe sind damit wesentlich, um etwas verstehen zu können. Begriffe eröffnen die Möglichkeit einer Erkenntnis, die nicht nur Einzeldinge, sondern auch Allgemeinheiten und insbesondere Einzeldinge als Instanzen von Allgemeinheiten (etwas als etwas) zu begreifen vermag. Sie erst erlauben es, etwas *als* etwas Bestimmtes zu begreifen (Schröder & Demmerling 2013). Begriffe bestimmen in dieser Hinsicht die Art und Weise, wie etwas gedacht wird. Man könnte auch sagen, Begriffe sind das Medium, in dem sich das Denken vollzieht (und damit grundlegend für die Praxis der Philosophie). Somit konstituieren Begriffe das Denken, wobei Denken auch als das Vermögen zu urteilen gefasst werden kann. Jemand, der einen Begriff von (un)gerecht hat, kann über eine Person, Institution oder Sache denkend urteilen, dass diese (un)gerecht ist. Begriffe sind damit wesentlich für Urteile. So kann beispielsweise mit einem Begriff von Gerechtigkeit zwischen einem gerechten und einem ungerechten Steuersystem urteilend unterschieden werden.

Schlussfolgerungen im Denken wiederum sind aufgrund der Tatsache möglich, dass Gedanken über ihre begrifflichen Bestandteile in inferentieller Beziehung zueinander stehen. Wer die Sätze „Dieses Auswahlverfahren ist gerecht" und „Dieses Steuersystem ist ungerecht" versteht, der oder die ist prinzipiell auch in der Lage, die Sätze beziehungsweise Gedanken zu bilden „Dieses Steuersystem ist gerecht" und „Dieses Auswahlverfahren ist ungerecht". Die Tatsache, dass sprachliche Bedeutung und Gedanken auf diese Weise kompositorisch strukturiert sind, dient zur Erklärung der „Produktivität" und „Systematik" von Denken und Sprache (Liptow 2013): Mit denselben Begriffen können unterschiedliche Gedanken gedacht werden. Durch die inferentiellen Beziehungen ist es außerdem möglich, von einem Gedanken auf einen anderen zu schließen oder bestimmte Gedanken als Voraussetzung beziehungsweise Konsequenz von anderen Gedanken zu verstehen (Brandom 1994, 275 ff.). So kann beispielsweise vom Begriff des ungerechten Steuersystems darauf geschlossen werden, dass dieses System spezifische Kriterien der Gerechtigkeit nicht erfüllt. Oder in einem stärker normativ aufgeladenen Sinne könnte auch geschlossen werden, dass eine Notwendigkeit zur Veränderung dieses Systems besteht, weil es seinen eigenen Anspruch der Erfüllung von spezifischen Kriterien der Gerechtigkeit (aus zu bestimmenden Gründen) nicht realisiert.

2.2 Begriffe als Fähigkeiten

In philosophiedidaktischer Perspektive sollen Begriffe im Folgenden als Fähigkeiten verstanden werden.[2] Die Fähigkeiten, die mit dem Haben von Begriffen verbunden sind oder mit Begriffen identifiziert werden, sollen hierbei aber nicht nur die Fähigkeit zum Urteilen und Schließen beinhalten, sondern umfänglicher gefasst werden. Im Folgenden soll ausgeführt werden, inwieweit Begriffe nicht nur für die Tätigkeit des Denkens (Urteilen und Schließen), sondern auch für Wahrnehmungen und bestimmte Handlungen eine zentrale Funktion einnehmen. Ein ausschnitthafter Blick in die zeitgenössische Debatte dazu verdeutlicht, wie grundlegend die Funktion von Begriffen (über die konstitutive Funktion für das Denken hinaus) diskutiert wird. So wird argumentiert, dass die Fähigkeit zum Spracherwerb und damit der Erwerb und Besitz von Begriffen den menschlichen Geist und letztlich den Menschen als Ganzes auch in Bezug auf seine körperliche Verfassung grundlegend verändert (Demmerling 2021). Begriffe strukturieren demnach nicht nur das Denken, sondern auch unsere Wahrnehmung und eine bestimmte Art und Weise zu handeln.

In Bezug auf den Zusammenhang zwischen Wahrnehmung und Begriffen wird prominent von John McDowell argumentiert, dass die sinnliche Wahrnehmung beziehungsweise Erfahrung von Lebewesen, die über Begriffe verfügen, immer bereits Begriffe beinhaltet (McDowell 1996, 3 ff.). Im Hintergrund dieser Argumentation steht unter anderem das Kantische Diktum, dass Anschauungen ohne Begriffe blind und Begriffe ohne Anschauungen leer sind. Sinnliche Erfahrung kann McDowell zufolge nur deshalb dazu dienen, unsere Überzeugungen zu rechtfertigen, weil sie begrifflich strukturiert ist. Begriffe stehen nicht zwischen uns und dem sinnlich Gegebenen, noch dienen sie als additive Begriffsschemata. Die menschliche Wahrnehmung als solche ist ein durch Begriffe transformiertes und damit begriffliches Vermögen. Das heißt Begriffe beziehungsweise begrifflich strukturierte Wahrnehmung konstituieren unser (sinnliches) Weltverhältnis (Lauer 2014). Durch Begriffe ertasten wir mit unseren Fingerspitzen einen Gegenstand *als* rau oder nehmen eine Situation, die wir beobachten, *als* ungerecht wahr.

---

[2] Die fachphilosophische Debatte um den Begriff des Begriffs ist sehr kontrovers. Dieses Kapitel hat nicht den Anspruch, einen Beitrag zu dieser fachphilosophischen Debatte zu leisten. Insbesondere geht es nicht darum, diese Debatte mit systematischen Argumenten zu bereichern oder gar zugunsten eines bestimmten Begriffs des Begriffs zu entscheiden. Vielmehr soll sich in diesem Kapitel zeigen, dass ein Verständnis von Begriffen als Fähigkeiten *aus didaktischer Perspektive* unabhängig vom Ergebnis der fachphilosophischen Debatte plausibel ist.

Zusammenfassend können wir in Bezug auf das Verständnis von Begriffen als Fähigkeiten festhalten, dass in dieser Konzeption über einen Begriff zu verfügen gleichbedeutend damit ist, über eine Fähigkeit zu verfügen (und umgekehrt). Begriffe sind eine Art von Wissen, das dessen kompetente Anwendung in variablen Situationen einschließt. Die Art der Anwendung beziehungsweise der Typ der Fähigkeit, die mit Begriffen identifiziert werden kann, ist dabei vielfältig. Diejenige, die zu einem denkenden (urteilenden und schließenden), wahrnehmenden und/oder handelnden Vollzug eines Begriffs in der Lage ist, ‚verfügt' über den jeweiligen Begriff.[3]

2.3 Reflexion auf die Trennung zwischen Begriffen und Kompetenzen

Vor dem Hintergrund des umrissenen Verständnisses von Begriffen als Fähigkeiten lässt sich argumentieren, dass das Ausüben von Kompetenzen dem Vollzug von Begriffen entspricht. Dies lässt sich in einer *allgemeinen* und einer *spezifischen* Hinsicht darlegen.

In der *allgemeinen* Hinsicht lassen sich Kompetenzen in Bezug auf das bisher Dargelegte so verstehen, dass es sich dabei um einen paradigmatischen Fall von Begriffen als Fähigkeiten handelt. Kompetenzen sind in Anlehnung an Weinert (2002) Dispositionen zu einem bestimmten Typ des Handelns, nämlich Fertigkeiten, die dazu dienen, bestimmte Probleme in variablen Situationen erfolgreich und verantwortungsvoll zu lösen. Um bestimmte Probleme in variablen Situationen erfolgreich und verantwortungsvoll lösen zu können, bedarf es der Möglichkeit, Fehler in der Anwendung der Fertigkeit zu erkennen und daraus zu lernen. Dafür sind Kriterien der Klassifikation als ‚Gründe' für die Anwendung notwendig. Kompetent ist eine Urteilende, Wahrnehmende oder Handelnde demnach, wenn sie sich von begrifflichen Kriterien der Klassifikation in ihrem Verhalten leiten

---

[3] Kritisch einzuwenden wäre hier erstens, dass mit dem Verständnis von Begriffen als Fähigkeiten der ontologische Status von Begriffen nicht abschließend geklärt ist. Der Nachweis, dass in Wahrnehmungen, Urteilen und anderen praktischen Vollzügen Begriffe involviert sind, zeigt noch nicht das Umgekehrte, nämlich dass Begriffe *selbst* als Fähigkeiten aufgefasst werden sollten. Es bleibt die Herausforderung, zu klären, wie sich diese Fähigkeiten zur Auffassung von Begriffen als mentalen Repräsentationen und gegenständlichen Extensionen oder abstrakten Entitäten verhalten. Zweitens könnte kritisiert werden, dass mit einer so weitreichenden Auffassung von Begriffen eine Abgrenzung zu möglichen nicht-begrifflichen menschlichen Fähigkeiten unmöglich wird.

lässt. Sie hat demnach ‚Gründe' für ihre Verhaltensweisen. Nur wenn sie falsche von richtigen Verhaltensweisen unterscheiden kann und auch anders hätte handeln können, kann sie für ihr Verhalten auch verantwortlich gemacht werden. Kompetent zu sein, heißt demnach, bestimmte Handlungen gemäß begrifflichen Kriterien erfolgreich und verantwortungsvoll zu vollziehen und diese begrifflichen Kriterien in verschiedenen Situationen flexibel anzuwenden. Folgt man diesen Überlegungen, dann kann es keine Kompetenz geben, die nicht intern durch einen Begriff angeleitet ist. Einerseits sind Kompetenzen also begriffliche Fähigkeiten. Andererseits sind Begriffe (verstanden als Fähigkeiten) aber auch bestimmte Kompetenzen. Denn über einen Begriff zu verfügen heißt, diesen Begriff im Vollzug von beispielsweise Urteilen, Wahrnehmungen oder Handlungen kompetent anwenden zu können. Allgemein betrachtet entspricht das Ausüben von Kompetenzen damit dem Vollzug von Begriffen.

Die *spezielle* Hinsicht, in der das Haben von Begriffen bestimmten Kompetenzen entspricht, soll nachfolgend anhand einer beispielhaften Unterrichtsreihe veranschaulicht werden. Im Zentrum dieser Unterrichtsreihe im Fach Ethik für eine 8. Klasse steht das Thema Verteilungsgerechtigkeit,[4] das an einem Problem aus dem Lebensbereich der Schüler*innen für diese erfahrbar werden soll: Vor allem in großen Städten führt Wohnungsnot häufig zu einem Verteilungskampf, in dem diejenigen, die keine hohe Miete bezahlen können, das Nachsehen haben. Es stellt sich diesbezüglich die Problemfrage: Wie sollte familiärer Wohnraum in Deutschland gerecht verteilt werden? Im Hinblick auf die angestrebte Kompetenzorientierung der geplanten Reihe sollen dabei die Kompetenzen „Wahrnehmen und deuten" sowie „Argumentieren und urteilen" (aus dem Berliner Rahmenlehrplan) besondere Berücksichtigung finden.

„Argumentieren und urteilen" bezeichnet „die Kompetenz, sich mit eigenen und fremden Positionen zu ethischen Fragen kritisch auseinanderzusetzen, widerspruchsfrei und begründet zu argumentieren, differenziert Positionen zu beurteilen und ein eigenes reflektiertes Urteil zu fällen" (SenBJF 2015, 6). Die Schüler*innen sollen dementsprechend in die Lage versetzt werden, bestimmte Positionen zum Thema der Verteilungsgerechtigkeit vergleichend zu beurteilen und sich letztendlich ein eigenes Urteil zu bilden. Aus den obigen Ausführungen zum Verhältnis zwischen Begriffen und Denken folgt unmittelbar, dass für die Kompetenz des Argumentierens und Urteilens Begriffe notwendig sind: Begriffe sind konstitutiv für denkendes Urteilen. In Bezug auf das spezifische Thema lässt sich darüber hinaus anführen, dass ein fachphilosophisch möglichst

---

[4] Für eine ausführlichere Beschreibung einer solchen Unterrichtsreihe zum Thema Verteilungsgerechtigkeit und dazugehörigen Unterrichtsmaterials siehe Brödner & Steiger (2023).

2.3 Reflexion auf die Trennung zwischen Begriffen und Kompetenzen

ausdifferenzierter Begriff von Gerechtigkeit notwendig ist, um die Problemfrage („Wie sollte familiärer Wohnraum in Deutschland gerecht verteilt werden?") kompetent beantworten zu können. Die Kenntnis eines ausdifferenzierten Begriffs von Gerechtigkeit beziehungsweise von verschiedenen Gerechtigkeitsprinzipien[5] ermöglicht das Urteilen überhaupt erst. Ohne solche Prinzipien als fachphilosophische Kenntnisse fehlen die (normativen) Kriterien für ein reflektiertes Urteil. Eine differenzierte Positionierung (aus verschiedenen Perspektiven) und letztendlich auch das Fällen eines eigenen Urteils ist insofern bedingt durch die Kenntnis begrifflicher Gerechtigkeitsprinzipien.

„Wahrnehmen und deuten" bezeichnet „die Kompetenz, auf der Grundlage von Sinnes- und Sinnerfahrungen Sachverhalte unter ethischer Perspektive wahrzunehmen, zu bezeichnen und einzuordnen" (SenBJF 2015, 5). Die Schüler*innen sollen dementsprechend am Ende der Reihe Sachverhalte in Bezug auf ethische Fragen der Verteilungsgerechtigkeit wahrnehmen und diese kontextsensibel deuten können. Nach den obigen Ausführungen zur begrifflichen Strukturiertheit von Wahrnehmung bedarf es für diese Kompetenz ebenfalls (philosophischer) Begriffe. Fragen und Probleme in Bezug auf das Thema der Verteilungsgerechtigkeit wahrnehmen zu können, ist bedingt durch die begriffliche Struktur der Wahrnehmung und das heißt durch den Besitz eines Begriffs von Gerechtigkeit. Erst durch den Vollzug dieses Begriffs innerhalb der (sinnlichen) Wahrnehmung lässt sich etwas *als* (un)gerechte Situation wahrnehmen. Im Umkehrschluss lässt sich sagen, dass nur diejenige in der Lage ist, Ungerechtigkeit in Bezug auf die Verteilung von städtischem Wohnraum wahrzunehmen und kontextsensibel zu deuten, die über einen ausdifferenzierten Begriff von Gerechtigkeit verfügt. Die Wahrnehmung von (Un-)Gerechtigkeit ist bedingt durch einen ausdifferenzierten Gerechtigkeitsbegriff.

An dieser Stelle können wir ein Zwischenfazit bezüglich der ersten hier vertretenen These ziehen. Versteht man Begriffe als Fähigkeiten, so stellt sich der Zusammenhang von Begriffen und Kompetenzen folgendermaßen dar: Eine Kompetenz (bspw. Ungerechtigkeit wahrzunehmen) ist einerseits bedingt durch einen Begriff (bspw. einen philosophischen Begriff der Gerechtigkeit). Andererseits ist ein Begriff (bspw. von Gerechtigkeit) bedingt durch die Kompetenz, diesen anzuwenden (bspw. im Vollzug eines Urteils). Über einen Begriff von Gerechtigkeit zu verfügen, heißt demnach, Urteile über (Un-)Gerechtigkeit kompetent fällen zu können beziehungsweise (Un-)Gerechtigkeit kompetent wahrnehmen zu können. Wer dazu nicht in der Lage ist, hat keinen Begriff von Gerechtigkeit. Sofern

---

[5] Solche Gerechtigkeitsprinzipien sind beispielsweise das Gleichheitsprinzip, das Bedarfsprinzip, das Leistungsprinzip oder das Zufallsprinzip (Perelman 1967).

Begriffe als Fähigkeiten verstanden werden, sind also Kompetenzen und begriffliches Fachwissen innerhalb ihres Vollzugs durch ein notwendiges Zusammenspiel miteinander verzahnt.

2.4 Lerntheoretische Rahmenbedingungen von philosophischer Begriffsbildung

Sind begriffliches Fachwissen und Kompetenzen in einem notwendigen Zusammenspiel miteinander verzahnt, ist es mit Blick auf den Philosophie- und Ethikunterricht umso entscheidender, die Frage zu beantworten, wie die Bildung philosophischer Begriffe didaktisch zu fassen ist. Dies ist deshalb entscheidend, weil damit ein mögliches lerntheoretisches Dilemma aufgelöst wird, das darin besteht, dass Schüler*innen das, was sie lernen sollen, nämlich philosophische Fachbegriffe, eigentlich schon beherrschen müssten, um sich mit philosophischen Problemen kompetent beschäftigen zu können – während sie zugleich philosophische Fachbegriffe nur in der Auseinandersetzung mit philosophischen Problemen erlernen können. Für eine Antwort auf dieses Dilemma soll im Folgenden ausgeführt werden, wie sich aus dem dargelegten Verständnis von Begriffen als Fähigkeiten lerntheoretische Rahmenbedingungen philosophischer Begriffsbildung ableiten lassen.

Gemäß dem Verständnis von Begriffen als Fähigkeiten ist mit dem Erwerb einer Sprache der Erwerb und Besitz von Begriffen verbunden: Eine Sprache zu lernen, bedeutet, Begriff zu beherrschen und korrekt anwenden zu können. Wenn beispielsweise eine Person den Ausdruck „gerecht" im Vollzug von Urteil oder Wahrnehmung korrekt anzuwenden weiß, ist es zumeist angemessen, zu konstatieren, dass diese Person einen Begriff von gerecht hat. Die erste Sprache, die wir erlernen, ist dabei aber nicht die philosophische Fachsprache, sondern die ein oder andere Art einer Umgangs- oder Alltagssprache. Es stellt sich demnach die Frage nach dem Verhältnis von Alltagsbegriffen und philosophischen Fachbegriffen.

In Teilen der sprachanalytischen Philosophie wird ein sogenannter normalsprachlicher Ansatz vertreten, der besagt, dass das Medium der Philosophie die öffentliche Redepraxis ist. Systematisch rechtfertigt sich dieser Ansatz mit der Annahme, dass die Alltagssprache einen transzendentalen Status als Bedingung der Möglichkeit für fachphilosophische Spezialdiskurse innehat. Die öffentliche Redepraxis stellt damit eine unhintergehbare Explikationsbasis für die philosophische Fachsprache dar (Keil 1988). Folgt man diesem Ansatz, wird die Frage nach dem Verhältnis von Alltagsbegriffen und fachphilosophischen Begriffen durch ein konstitutives Abhängigkeitsverhältnis der Fachsprache von der Alltagssprache beantwortet. Die meisten der grundlegenden Begriffe der Philosophie wie Wahrheit, das Gute, Gerechtigkeit, Freiheit, das Schöne oder Raum und Zeit (sowie viele andere weniger prominente Begriffe) kommen in ihrer wörtlichen Verwendung schon in der Alltagssprache vor. Nun gilt es sich von dieser lebensweltlichen, öffentlichen Redepraxis und den darin impliziten und expliziten begrifflichen Verständnissen nicht abzuspalten, sondern – im Gegenteil – die theoretisch-reflexive und fachphilosophische Begriffsebene vom Ausgangspunkt der Alltagssprache und der sie umgebenden Praxis aus zu erreichen (Rentsch 2003). Die alltäglich verwendeten Begriffe sind dabei nicht nur der Ausgangspunkt, sondern bleiben eine Basis, auf die sich die philosophisch-theoretischen Begriffe ständig rückbeziehen müssen. Das oben angesprochene lerntheoretische Dilemma wird somit aufgelöst, indem die Alltagssprache, die alle Schüler*innen schon vor dem ersten Kontakt mit den Unterrichtsfächern Philosophie oder Ethik (mehr oder weniger gut[6]) meistern, sowohl als Einstieg in die Beschäftigung mit philosophischen Problemen wie auch als Brücke hin zu fachphilosophischen Begriffen dienen kann und muss. Die Rahmenbedingung von philosophischer Begriffsbildung stellt die Alltagssprache dar. Aus lerntheoretischer Perspektive könnte man dies in Übereinstimmung mit einem kognitiv-konstruktivistischen Lernverständnis (Aebli 1994, 19 ff.) folgendermaßen formulieren: Auch philosophische Begriffsbildung muss notwendigerweise auf (begrifflichem) Vorwissen aufbauen. Ziel philosophischer Begriffsbildung ist eine kritische Selbstaufklärung der sprachlichen Alltagspraxis. Damit lässt sich eine spezifisch philosophische Kompetenz neu fassen, wie im Folgenden genauer ausgeführt werden soll.

2.5 Konzeptwechsel als kritische Selbstaufklärung der Alltagssprache

In der didaktischen Forschung (zumeist der naturwissenschaftlichen Fächer) gibt es einen Begriff, der den – folgt man den obigen Ausführungen – nunmehr notwendigen Übergang von Alltagsbegriffen zu Fachbegriffen fassen soll: den sogenannten Konzeptwechsel. Im Folgenden soll dargelegt werden, wie der sprachanalytische oder normalsprachliche Ansatz der Philosophie dazu dienen kann, den Konzeptwechsel als unterrichtspraktisches Handwerkszeug speziell für

---

[6] Hier werden die unterrichtspraktischen Themen der Heterogenität von Lerngruppen und notwendiger Differenzierung virulent. Darauf wird – soweit im Rahmen dieses Kapitels möglich – unten noch eingegangen.

die Begriffsbildung im Philosophie- und Ethikunterricht besser zu verstehen und anzuwenden.

Der Begriff des Konzeptwechsels (Conceptual Change) hat seine Wurzeln in den 1980er Jahren (Posner et al. 1982) und ist in den naturwissenschaftlichen Fachdidaktiken weit verbreitet. So bestimmt beispielsweise die Physikdidaktik das Lernen von Physik auch so, dass die Schüler*innen von einem Konzept (nämlich den sogenannten Alltagsvorstellungen, bezeichnet auch als Präkonzepte, Schüler*innenvorstellungen oder auch als Fehlvorstellungen) zu einem neuen Konzept (der physikalischen Sichtweise) wechseln müssen. Die dabei von den Schüler*innen mitgebrachten physikalischen Alltagsvorstellungen beziehungsweise Präkonzepte sind empirisch gut erforscht (Schecker et al. 2018). In den letzten Jahren hat auch die Philosophie-/Ethikdidaktik begonnen, über die unterrichtspraktische Bedeutung des Konzeptwechsels nachzudenken (Bohlmann 2014; Zimmermann 2016; Pfister 2019; Thein 2020), und hat Programmentwürfe für die empirische Erforschung von Präkonzepten vorgelegt (Bohlmann 2016; Burkard & Martena 2018).

Terminologisch soll hier der Ausgangspunkt des Konzeptwechsels (weiterhin) als „Alltagsbegriff" bezeichnet werden.[7] Unterrichtlicher Zielpunkt ist der philosophische Fachbegriff. Nehmen wir den normalsprachlichen Ansatz ernst, dann sollten wir aber nicht von Konzept*wechsel* sprechen, da durch die Redeweise von einem Wechsel impliziert wird, dass es sich am Ende des Prozesses um einen gänzlich neuen oder anderen Begriff handelt. Im Unterschied zur naturwissenschaftlichen Begriffsbildung besteht zwischen Alltagsbegriffen und philosophischen Fachbegriffen keine scharfe Grenze, sondern beide begriffliche Sphären bilden ein Kontinuum. Daher sollte nicht von einem Wechsel des Begriffs, sondern vielmehr von einer Transformation durch Reflexion und Ausdifferenzierung des Alltagsbegriffs die Rede sein. Die Alltagssprache ist Grundlage und bleibt Basis für den (philosophischen im Unterschied zum naturwissenschaftlichen) Fachbegriff.

Der hier im Hintergrund stehende normalsprachliche Ansatz nimmt kein einseitiges Verhältnis, sondern vielmehr ein wechselseitiges Verhältnis von Alltags-

---

[7] Alltagsbegriffe sollen dabei für die folgenden Überlegungen von strikt falschem Wissen („Freiheit ist eine Stadt in Süddeutschland") und Vorurteilen oder Voreingenommenheit im stark pejorativen Sinne („Personen mit dunkler Hautfarbe sind keine Menschen") abgegrenzt werden. Dagegen sind Alltagsbegriffe Bedeutungsbestimmungen zum Beispiel von Gerechtigkeit („Gerecht ist es, wenn jede und jeder die gleiche Chance hat, etwas zu bekommen"), generalisierende Stellungnahmen zum guten Leben („Jede Person darf/muss in jedem Fall selbst entscheiden, was gut für sie ist") oder Formulierungen ethischer Prinzipien („Man darf jemanden töten, um anderen Menschen das Leben zu retten") (Zimmermann 2016).

und Fachbegriffen an. Dabei ist das grundlegende Vermögen, Begriffe als Fähigkeiten zu erwerben, zwar in der Alltagspraxis verwurzelt und nicht ohne diese möglich. Dennoch können einzelne Begriffe kritisch überprüft und gegebenenfalls korrigiert werden. Zur Veranschaulichung dieser Möglichkeit von Kritik innerhalb eines begrifflichen Raums, zu dem es keinen (erkenntnistheoretischen) Außenstandpunkt gibt, wird oftmals das Bild von Neuraths Schiff verwendet (bspw. McDowell 1996, 81): Auf hoher See ist es nicht möglich, das ganze Schiff als solches auszutauschen, reparieren kann man jeweils nur einzelne Planken. Das heißt, kritische Auseinandersetzung mit den Begriffen der Alltagssprache ist (wenn auch nur in einem beschränkten Maße) möglich. Es besteht ein Kontinuum zwischen Alltagsbegriff und Fachbegriff. Gleichzeitig wird aber nicht behauptet, dass Fachbegriffe ausschließlich auf das Material und die Kriterien der Alltagssprache angewiesen sind. Probleme, die durch die alltägliche Redepraxis und darin vorherrschende Begriffe auftreten, können und sollen durch philosophische Intervention reflektiert und gegebenenfalls auch kritisiert und korrigiert werden. Dabei findet weniger ein Konzeptwechsel statt als vielmehr eine kritische Aufklärung der Alltagssprache, und das Ergebnis dieser Aufklärung sind stärker ausdifferenzierte beziehungsweise umfassender reflektierte Begriffe.[8]

2.6 Begriffliche Selbstaufklärung als philosophische Kompetenz

Wir wechseln an dieser Stelle nochmals die Betrachtungsperspektive, und zwar auf die unterrichtspraktische Ebene: Was heißt kritische Selbstaufklärung der sprachlichen Alltagspraxis im Philosophie- und Ethikunterricht? Folgt man den obigen Ausführungen, dann sind kompetente Sprecher*innen einer Sprache prinzipiell zur Kritik ihrer alltäglichen Begriffe in der Lage. Natürlich nimmt aber nicht jede Schülerin gleich oder in gleich kompetenter Art und Weise an der alltäglichen Begriffspraxis teil – zumal gerade jüngere Schüler*innen zur Schule gehen, um überhaupt erst kompetente Teilnehmer*innen der alltäglichen Begriffspraxis zu werden. Das heißt, begriffliche Kompetenzen zur kritischen Aufklärung der Alltagssprache sind je nach Person unterschiedlich umfassend erworben und ausgeprägt. Einerseits kann und sollte (auch mit Blick auf die motivationale sowie

---

[8] Zimmermann (2016) unterscheidet aus philosophiedidaktischer Perspektive zwischen Ersetzung, Ergänzung und Veränderung eines Präkonzeptes. Die hier ausgeführte Transformation deckt sich mit keinem dieser drei Typen eins zu eins, ähnelt aber der Veränderung.

kognitiv-konstruktivistische Komponente des Lernens[9]) aus dem jeweils vorhandenen Potenzial zur Selbstaufklärung der Schüler*innenschaft geschöpft werden: Schüler*innen können das Lösen von philosophischen Problemen selbstständig angehen, indem sie auf das begriffliche Potenzial der Alltagssprache zurückgreifen, über das sie selbst (wenn auch teilweise nur implizit) verfügen. Der Terminus *Selbst*aufklärung soll dabei nicht implizieren, dass es sich um ein monologisches Geschehen handelt. Im Gegenteil vollzieht sich im Unterrichtsgeschehen dieser Aufklärungsprozess als primär diskursives Geschehen der Schüler*innen mit- und untereinander. Die Lerngruppe als Gruppe hat das Potenzial, sich selbst aufzuklären, indem die Einzelnen einander wechselseitig aufklären. Andererseits bleibt unterrichtliche Anleitung (und Differenzierung) von außen notwendig. Genau an dieser Stelle kommen die philosophisch-begrifflichen Fachkenntnisse und Wissensbestände in ihrer entscheidenden Funktion ins Spiel. Schüler*innen können durch philosophische Fachbegriffe zu kompetenteren Teilnehmer*innen der alltäglich-diskursiven Sprachpraxis werden. Das Verhältnis von Alltagssprache und philosophischer Fachsprache ist ein systematisches Verhältnis in beide Richtungen: Einerseits können Schüler*innen dadurch (bis zu einem gewissen Grad) selbstständig und im Diskurs miteinander philosophische Begriffe auf Grundlage der Alltagssprache erarbeiten. Andererseits kann die philosophisch-begriffliche Fachsprache die Schüler*innen dazu anleiten, zu (selbst)kritischen und reflektierten Teilnehmer*innen der alltäglichen und öffentlichen Redepraxis zu werden.

Erinnern wir uns an die Problemfrage im Ethikunterricht in einer 8. Klasse zum Thema Verteilungsgerechtigkeit: „Wie sollte familiärer Wohnraum in Deutschland gerecht verteilt werden?" In Bezug auf unsere Überlegungen wird es in einer *primär* intuitiven Problemlösungsphase zu diesem Unterrichtsthema der Fall sein, dass schon einige Prinzipien der Gerechtigkeit (aus der Alltagssprache) implizit oder explizit beziehungsweise im vollen Umfang oder nur rudimentär

---

[9] Nach Deci & Ryan (2008) hängt die Motivation für ein bestimmtes Verhalten davon ab, inwieweit drei spezifische psychologische Grundbedürfnisse (nämlich nach Autonomie, Kompetenzerleben und sozialer Eingebundenheit) befriedigt werden können. Besonders dem Bedürfnis nach Autonomie wird die unterrichtliche Praxis der begrifflichen Selbstaufklärung gerecht, da Schüler*innen philosophische Fachbegriffe unter Zuhilfenahme der Alltagssprache eigenständig erarbeiten können. Da die Schüler*innen auf Vorwissen und mitgebrachte Kompetenzen aus der Alltagssprache zurückgreifen, ist es prinzipiell möglich, dass jeder und jede potenzielle Expert*in im Prozess der begrifflichen Aufklärung sein kann und damit auch das Bedürfnis nach Kompetenzerleben befriedigt wird. Da begriffliche Selbstaufklärung kein ausschließlich monologisches, sondern im Unterrichtsgeschehen ein primär diskursives Geschehen ist, kann zugleich das Bedürfnis nach sozialer Eingebundenheit befriedigt werden.

2.6 Begriffliche Selbstaufklärung als philosophische Kompetenz

im Spiel sind. Das könnte beispielsweise ein gesellschaftlich weit verbreitetes Leistungsprinzip sein („Gerecht ist es, wenn jede und jeder so viel bekommt, wie sie oder er geleistet hat") oder auch ein eher unübliches Zufallsprinzip („Gerecht ist es, wenn jede und jeder die gleiche Chance hat, etwas zu bekommen, z. B. durch ein Losverfahren"). Dies ist begriffliches Potenzial, auf das es im Unterricht einerseits aufzubauen gilt. Andererseits sollten die Schüler*innen die Vagheit und Unzulänglichkeit von noch nicht hinreichend ausdifferenzierten beziehungsweise unreflektierten Begriffen in dieser Phase im Sinne einer kognitiven Dissonanz selbst erfahren (Henke 2017; Meyer et al. 2018). Auf diese Weise wird die Notwendigkeit der philosophisch-kritischen Reflexion von Alltagsbegriffen deutlich.

Ziel einer *primär* angeleiteten Problemlösungsphase sollte es sein, aus dem schon vorhandenen begrifflichen Potenzial einen ausdifferenzierteren Gerechtigkeitsbegriff zu erarbeiten. Dies sollte – mit dem Alltagsbegriff als Ausgangspunkt – in einer methodisch durchsichtigen und schrittweise nachvollziehbaren Art und Weise geschehen: Es müssen unter Anleitung implizite Aspekte des Alltagsbegriffs sowie Prämissen und eventuell aus ihnen bereits gezogene Schlussfolgerungen explizit gemacht und so als geteiltes Wissen etabliert werden. Außerdem müssen zunächst als individuell wahrgenommene Überzeugungen verallgemeinerungsfähig formuliert werden; Einstellungen (im Sinne von Wünschen, Präferenzen etc.) sollten durch die Einführung von normativem Vokabular („sollte", „Gesetz" etc.) expliziert werden (Thein 2020). Diese Liste notwendiger methodischer Elemente der Reflexion von Alltagsbegriffen ließe sich in Abhängigkeit vom jeweiligen Thema und der jeweiligen Lerngruppe noch ausweiten. Ziel der Phase kann und sollte es auch sein, dass die Schüler*innen sich diese begrifflich-analytischen Fähigkeiten mehr und mehr selbst aneignen.

Nicht zuletzt muss es aber in einer *primär* angeleiteten Problemlösungsphase auch darum gehen, den rudimentären Gerechtigkeitsbegriff, der bisher im Spiel war, *inhaltlich* weiter auszudifferenzieren. Das kann unter Rückgriff auf die begrifflichen Wissensbestände der philosophischen Tradition geschehen. In unserer beispielhaften Unterrichtssituation könnten die schon (teilweise) vorhandenen Prinzipien der Gerechtigkeit um ein Gleichheitsprinzip („Gerecht ist es, wenn jede und jeder das Gleiche bekommt") und ein Bedarfsprinzip („Gerecht ist es, wenn diejenigen zuerst etwas bekommen, die weniger besitzen als andere und es dringend brauchen") ergänzt werden (Perelman 1967). Die Erarbeitung dieser zusätzlichen inhaltlichen Aspekte eines ausdifferenzierten Gerechtigkeitsbegriff sollte durch geeignetes Lernmaterial und mit Blick auf ausgewählte Lernprodukte[10] möglichst selbstständig von den Schüler*innen erarbeitet werden. Die Kenntnis des nunmehr in vier Prinzipien der Gerechtigkeit ausdifferenzierten Gerechtigkeitsbegriffs (Gleichheitsprinzip, Bedarfsprinzip, Leistungsprinzip und Zufallsprinzip) ermöglicht letztendlich eine differenzierte Positionierung (aus verschiedenen Perspektiven) und ein eigenes Urteil als Stellungnahme zu der ursprünglichen Problemfrage.

2.7 Zwischenfazit

In diesem Kapitel wurde deutlich, dass eine Konzeption von begrifflicher Selbstaufklärung sowohl den Anforderungen der Kompetenzorientierung als auch dem Anspruch des Einbezugs philosophischer Fachkenntnisse gerecht werden kann. Kompetenzen werden in der allgemeinen bildungstheoretischen Debatte verstanden als Fertigkeiten, die dazu dienen, bestimmte Probleme in variablen Situationen erfolgreich und verantwortungsvoll zu lösen. Begriffliche Selbstaufklärung kann als eine solche und darüber hinaus spezifisch philosophische Kompetenz gelten. Eine solche Kompetenz begrifflicher Selbstaufklärung ist aber nicht nur für den Philosophie- und Ethikunterricht bedeutsam, sondern lässt sich auch in vielerlei anderen alltäglich-öffentlichen (sprachlich-diskursiven) Praktiken und Situationen zur Lösung von Problemen variabel einsetzen. Im Vollzug begrifflicher Selbstaufklärung ist die Trennung zwischen Kompetenzen einerseits und philosophischen Begriffen andererseits hinfällig. In dieser Perspektive stellt es sich als ein Trugschluss heraus, anzunehmen, dass philosophische Begriffe im Unterricht in einem ersten, nur der Vorbereitung dienenden Schritt definiert oder (aus der philosophischen Tradition) eingeführt werden, um anschließend damit – in einem zweiten, kompetenzorientierten Schritt – tatsächlich philosophieren zu können. Eine Definition (auswendig) zu kennen, ist nicht gleichbedeutend damit, einen Begriff von etwas zu haben. Die Kenntnis von definitorischem Wissen ist nicht gleichbedeutend mit Begriffswissen. Nur diejenige, die im Vollzug des Begriffs urteilen, schließen, wahrnehmen und handeln kann, ist im Besitz des Begriffs. Kompetent philosophieren zu können und mit Begriffen (denkend, wahrnehmend und handelnd) zu arbeiten, sind zwei Seiten derselben Medaille.

---

[10] Zum Einsatz von Lernprodukten als Ergänzung zum problemorientierten Unterricht und, verbunden damit, der Möglichkeit des vertiefenden Übens von Begriffsverständnissen basierend auf geeigneten lernpsychologischen Grundlagen (dem sogenannten Darstellungsebenenwechsel) siehe Abschn. 3.5.

2.7 Zwischenfazit

Als philosophische Kompetenz beschreibt begriffliche Selbstaufklärung den Anspruch einer (politisch) egalitären und (unterrichtlich) inklusiven Praxis. Potenziell gleichberechtigte Teilnehmende können all jene sein, die eine (mehr oder weniger) gemeinsame Alltagssprache teilen. Durch Vorwissen und mitgebrachte Kompetenzen aus der Alltagssprache kann prinzipiell jeder und jede Expert*in innerhalb der kritischen Selbstaufklärung der Alltagssprache sein. Dabei liegt es im Unterricht zum einen Teil innerhalb der schon mitgebrachten Kompetenzen der Schüler*innen, philosophische Begriffe ausgehend von Alltagsbegriffen eigenständig und im Diskurs miteinander zu erarbeiten. Zum anderen Teil bedarf es gezielter unterrichtlicher Anleitung, damit Schüler*innen solche Begriffe als Fähigkeiten erwerben können. Diese Art des Kompetenzerwerbs schult gleichzeitig eine Form des kritischen Denkens: Probleme, die durch die alltägliche Redepraxis und darin vorherrschende Begriffe auftreten, können und sollen durch die Intervention der kritischen Selbstaufklärung reflektiert und gegebenenfalls auch kritisiert und korrigiert werden.[11] Dabei werden nicht nur die Begriffe der anderen Teilnehmenden einer Redepraxis reflektiert, sondern ebenso die je eigenen Begriffe. In diesem Sinne wird eine Form des *selbst*kritischen Denkens eingeübt. Die Befähigung zur begrifflichen Selbstaufklärung kann insofern als ein grundlegendes Ziel des Philosophie- und Ethikunterrichts gelten.

---

[11] Begriffliche Selbstaufklärung hat Überscheidungen mit dem fachwissenschaftlichen Trend des *Conceptual Engineering* innerhalb der zeitgenössischen analytischen Philosophie. Conceptual Engineering bezeichnet einen Ansatz, Konzepte beziehungsweise Begriffe gezielt zu analysieren, zu bewerten und gegebenenfalls zu überarbeiten, um beispielsweise ihre Klarheit, Nützlichkeit oder Wahrheitstreue zu verbessern (Cappelen 2018).

Allgemeines Lehr-Lern-Modell zur philosophischen Begriffsbildung 3

Nach den grundlegenden Ausführungen zum Begriff des Begriffs und zu den Rahmenbedingungen philosophischer Begriffsbildung, die im fachdidaktischen Horizont in Erscheinung treten, wechseln wir nun in die Perspektive der schulpraktischen Umsetzung. Vor dem Hintergrund der vorgestellten Konzeption von Begriffen als Fähigkeiten und dem als begriffliche Selbstaufklärung gefassten Konzeptwechsel soll im zweiten Kapitel ein Lehr-Lern-Modell zur allgemeinen philosophischen Begriffsbildung vorgestellt werden. Dazu wird erneut mit der beispielhaften Unterrichtsreihe zum Thema Verteilungsgerechtigkeit gearbeitet. Dieses Beispiel wird wiederholend vertieft und ausdifferenziert, sodass daran das vorgeschlagene Lehr-Lern-Modell deutlich werden kann. Außerdem wird in diesem Kapitel eine Orientierung am Lernprodukt als Ergänzung zum philosophiedidaktischen Paradigma der Problemorientierung vorgeschlagen. Begriffe können damit als die zentralen Lernprodukte des Unterrichts gefasst werden. Zum vertiefenden Üben von Begriffsverständnissen wird ein lerntheoretisch fundierter Darstellungsebenenwechsel dem allgemeinen Lehr-Lern-Modell für die unterrichtliche Praxis an die Seite gestellt.

3.1 Unterrichtspraktisches Szenario: Eine Reihe zum Thema Verteilungsgerechtigkeit

Stellen wir uns vor, wir wollen eine Reihe zum Thema Verteilungsgerechtigkeit in einer 8. Klasse unterrichten und denken darüber nach, was es dabei zu beachten gilt. Eine der ersten[1] Fragen, die wir – als Lehrkräfte und Didaktiker*innen – uns stellen (sollten), ist die Frage nach dem Vorwissen der Schüler*innen: Über welchen Begriff von Verteilungsgerechtigkeit verfügen die Schüler*innen schon?

Als Ausgangspunkt eines jeden Lernszenarios spricht die Frage nach dem Vorwissen die Präkonzepte von Schüler*innen an (vgl. Abschn. 2.5). Präkonzepte bezeichnen begriffliches Vorwissen der Schüler*innen, das noch nicht von Inhalten des Unterrichts beeinflusst ist, aber für diesen relevant ist. Der Terminus begriffliches Vorwissen ist hierbei weit gefasst und bezeichnet auch Einstellungen, Haltungen und Urteilsweisen. Fragt man Präkonzepte der Schüler*innen als Ausgangspunkt unserer Reihe ab, so ergeben sich rudimentäre beziehungsweise einseitige Begriffe von Verteilungsgerechtigkeit, die man als einzelne Gerechtigkeitsprinzipien fassen kann: „Eine Verteilung ist dann gerecht, wenn alle dasselbe haben" (Gleichheitsprinzip), „Eine Verteilung ist dann gerecht, wenn jeder das bekommt, wofür er arbeitet" (Leistungsprinzip).[2]

Sind solche Präkonzepte der Ausgangspunkt unserer Unterrichtsreihe, schließt sich die Frage an, was dementsprechend das Ziel der Unterrichtsreihe sein kann. Allgemein formulieren ließe sich dieses Ziel als ein kontinuierlicher Lernzuwachs in Bezug auf das Verfügen über einen Begriff von Verteilungsgerechtigkeit. Diesen Lernzuwachs wollen wir nicht nur anzuleiten in der Lage sein, sondern im Verlauf der Reihe auch fortlaufend evaluieren können. Diese Zielformulierung eröffnet die Frage, der wir im Folgenden nachgehen wollen: Wie ist ein kontinuierlicher Lernzuwachs in Bezug auf das Verfügen über einen Begriff anzuleiten und fortlaufend zu evaluieren?

---

[1] Sicherlich stellen sich mehrere „erste" Fragen in Bezug auf die Planung einer Unterrichtsreihe. Neben dem Vorwissen der Schüler*innen ist eine geeignete Problemfrage ebenfalls entscheidend. Dies könnte für die Reihe zur Verteilungsgerechtigkeit folgende Formulierung sein: „Ist es gerecht, dass familiärer Wohnraum in Deutschland ungleich verteilt ist?"

[2] Die hier beispielhaft angeführten Präkonzepte zur Verteilungsgerechtigkeit stammen von Schüler*innen aus drei 8. Klassen an zwei Berliner Gymnasien. Die Präkonzepte wurden im Rahmen einer dafür konzipierten Reihe mit dazugehörigem Unterrichtsmaterial abgefragt (Brödner & Steiger 2023).

3.2 Problemorientierung als Lernkontext für Begriffsverständnisse

In weiten Teilen der philosophiedidaktischen Ausbildung sowie im Philosophie- und Ethikunterricht als solchem ist das Lehr-Lern-Modell von Rolf Sistermann, das sogenannte *Bonbonmodell,* einschlägig (Abb. 3.1).

Dieses Modell arbeitet mit der Leitidee der Problemorientierung (Sistermann 2016; Tiedemann 2015). Auf methodisch-praktischer Ebene bedeutet Problemorientierung, dass sich Schulunterricht immer anhand einer Leitfrage als Problemformulierung entfalten muss, die den (didaktischen) roten Faden für den Unterricht darstellt. Die unterrichtspraktische Orientierung an Problemen hat gute Gründe, die sich auch in Hinsicht auf die Herausforderungen des begrifflichen Denkens perspektivieren lassen: Weil philosophische Konzepte häufig für

Abb. 3.1 Bonbon-Modell. (Aus Sistermann 2026, 213)

Das Bonbonmodell des Lernprozesses	Phasen der Problemorientierung
Hinführung	1. Ein Problem finden, das die Schüler betrifft und berührt.
Problemstellung (Fokussierung)	2. Divergente, bisher noch unentschiedene Ansichten gegenüber- und infrage stellen
selbstgesteuert intuitive Problemlösung	3. Schüler bringen ihr Vorwissen in Problemlösungsversuche durch «Probierbewegungen» ein
angeleitet kontrollierte Problemlösung	4. Auseinandersetzung mit den Lösungen von Denkern der Vergangenheit und Gegenwart anleiten
Festigung (Sicherung)	5. Intuitive mit kontrollierten Problemlösungsversuchen abgleichen und erarbeitete Ergebnisse festhalten
Transfer/ Stellungnahme	6. Problematisierung der gefundenen Lösung und/oder Erweiterung bzw. Vertiefung der Problemstellung
(Sistermann 2005, 16–27)	(Sistermann/Wittschier, 2015, 64)

die Schüler*innen nicht unmittelbar zugänglich sind, da sie ihren Vorintuitionen widersprechen, nicht in der Lebenswelt verankert sind oder – wie in der Philosophie häufig – als solche umstritten sind, muss ihre Aneignung seitens der Schüler*innen nicht nur motiviert werden, sondern die begrifflichen Konzepte müssen auch in einem für die Schüler*innen begreifbaren Kontext (einem Problem) situiert werden. Nur so kann das Verständnis von Begriffen angebahnt werden. Kurz: Die Problemorientierung in Sistermanns Bonbonmodell lässt sich auch als didaktische Intervention verstehen, um einen Lernkontext für die Einführung und Vertiefung von Begriffen zu etablieren (Thein/Behnke 2022).

Diejenige Phase im Bonbonmodell, in der sich das Begriffsverständnis der Schüler*innen manifestieren soll, ist die sogenannte angeleitet-kontrollierte Problemlösungsphase, in der ein (zumeist) philosophischer Text von den Schüler*innen gelesen und dessen Antwort auf die Leitfrage herausgearbeitet wird. Sistermann charakterisiert diese vierte Phase folgendermaßen: „Auseinandersetzung mit den Lösungen [des Ausgangsproblems] von Denkern der Vergangenheit und Gegenwart anleiten" (Sistermann 2016, 213). An dieser Phase ließe sich kritisieren, dass nicht immer plausibel ist, warum hier eine Expertin herangezogen wird, nachdem die Schüler*innen doch in der vorangegangenen selbstgesteuert-intuitiven Phase bereits am Problem und dessen Lösung gearbeitet haben. Im Folgenden wird aber – im Gegensatz dazu – die Kritik vertreten, dass diese Phase *zu wenig* Gewicht hat, dafür dass mit ihr zugleich der Anspruch erhoben wird, in die philosophisch-begrifflichen Konzepte der Tradition und Gegenwart einzuführen und damit die Problemlösungskompetenz der Schüler*innen auf ein anderes (nämlich begriffliches) Niveau zu heben. Im Bonbonmodell, so die Kritik, ist die angeleitet-kontrollierte Problemlösungsphase zu wenig ausgearbeitet und die dazugehörige Schüler*innenaktivität zu wenig ausbuchstabiert, um durch sie tatsächlich ein vertieftes Verständnis philosophischer Begriffe zu erreichen. Im Folgenden wird daher zunächst eine Lernproduktorientierung als Ergänzung zum Paradigma der Problemorientierung vorgestellt (Abschn. 3.3). Es folgt die Vorstellung eines Lehr-Lern-Modell spezifisch zur allgemeinen Begriffsbildung (Abschn. 3.4). Im Anschluss werden die Phasen dieses Modells genauer beschrieben und wird ein Darstellungsebenenwechsel zum vertiefenden Üben von Begriffsverständnissen vorgestellt (Abschn. 3.5).

3.3 Begriffe als Lernprodukte

Für unsere beispielhafte Unterrichtsreihe zur Verteilungsgerechtigkeit sind verschiedene Prinzipien der Gerechtigkeit von Belang. Bei dieser Unterscheidung verschiedener Gerechtigkeitsprinzipien handelt es sich um begriffliches Handwerkszeug, das für die ganze Unterrichtsreihe grundlegend ist. Ziel ist es, dieses begriffliche Handwerkszeug einzuführen und das dazugehörige Begriffsverständnis zu vertiefen. Dabei wollen wir sichergehen, dass alle Schüler*innen einer heterogenen Klasse das grundlegende Verständnis der Gerechtigkeitsprinzipien verinnerlicht haben, um darauf aufbauend mit allen zusammen weiterarbeiten zu können. Wie ist das zu bewerkstelligen?

Ein gängiges Phasenmodell des Unterrichts aus der Physikdidaktik bietet hier zwei Anregungen, die für die Philosophiedidaktik insofern interessant sind, als damit ein vertieftes Verständnis von Begriffen bei den Schüler*innen erreicht wird: Zum einen wird durch das physikdidaktische Modell der Fokus auf ein sogenanntes Lernprodukt gelegt; damit geht zweitens eine Fokussierung auf die Aktivität der Schüler*innen und den Produktions- oder Handlungsaspekt des unterrichtlichen Geschehens einher. Schauen wir also auf das alternative Lehr-Lern-Modell, das von dem Physikdidaktiker Josef Leisen entwickelt worden ist (Abb. 3.2):

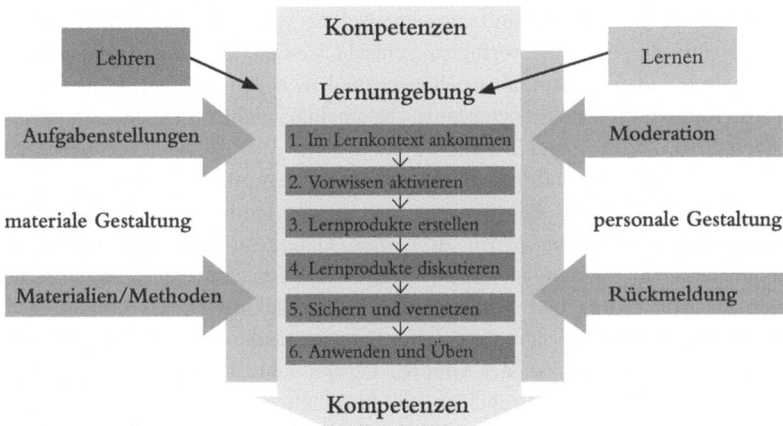

Abb. 3.2 Lehr-Lern-Modell. (Nach Leisen 2018)

3 Allgemeines Lehr-Lern-Modell zur philosophischen Begriffsbildung

Dieses Modell ist in sechs Schritten strukturiert. Die Eröffnung des Unterrichts (Im Lernkontext ankommen) kann dabei auf vielfältige Art geschehen, nämlich beispielsweise mittels einer Geschichte, einer Herausforderung oder eines Impulses, Falles, Textes, Bildes, Experimentes, Objektes oder auch eines Problems. Es ist insofern durchaus möglich, auch mit dem Modell von Leisen ‚problemorientiert' zu arbeiten. Leisen selbst charakterisiert die erste Phase ebenfalls so, dass dabei eine Problemstellung entdeckt werden kann (Leisen 2017, 1). In einem zweiten Schritt (Vorwissen aktivieren) wird das für die spätere Bearbeitung erforderliche Vorwissen reaktiviert. Der Erfahrungs- und Wissensstand wird für alle explizit gemacht. Danach (Lernprodukt erstellen) werden neue Informationen, Daten, Erfahrungen, Anstöße etc. von außen gegeben, wobei dieser Input zur Erstellung von sogenannten Lernprodukten genutzt werden muss. Lernprodukte werden in geeigneten Sozialformen unter Auswertung und Nutzung neuer Informationen und Lernmaterialien erstellt. Bei der Bearbeitung der Lernmaterialien und Erstellung des Lernproduktes findet der wesentliche Lernzuwachs statt. Die Lernprodukte werden im vierten Schritt (Lernprodukt diskutieren) vorgestellt; dabei wird der Lernzuwachs artikuliert und mit demjenigen anderer Lernenden abgeglichen und diskutiert. Indem die Lernprodukte diskutiert werden, verfestigt sich der Lernzuwachs. Im fünften Schritt (Sichern und vernetzen) wird das bislang Gelernte gesichert. Ergebnisse werden festgehalten und die Lernenden ermitteln den eigenen Lernzuwachs. Neues Wissen muss außerdem mit dem vorgängigen Wissen vernetzt werden. Im sechsten Schritt (Anwenden und üben) wird der Lernzuwachs nachhaltig im Langzeitgedächtnis verankert. Das Gelernte muss gefestigt und durch Übung verfügbar gemacht werden. Die Lernenden müssen das Gelernte auf neue Aufgabenstellungen und in neuen Kontexten anwenden. So wird erprobt, ob der Kompetenzzuwachs einem handelnden Umgang standhält (Leisen 2016, 26 ff.; Meyer 2017).

Die Lernprodukte sind Leisen zufolge das „Herzstück" (Leisen 2018, 5) des Lehr-Lern-Modells, das demgemäß nach der Leitidee der Lernproduktorientierung verfährt. Die Arbeit zu Lernprodukten, an ihnen und mit ihnen ermöglicht Schüler*innen mit unterschiedlichsten Voraussetzungen und Potenzialen die Mitwirkung und Mitgestaltung. Lernproduktorientierung eignet sich somit für heterogene Lerngruppen. Lernprodukte tragen die persönliche Handschrift der Lernenden bzw. der Gruppe. Lernprodukte sind so heterogen wie die Schüler*innen und unterscheiden sich hinsichtlich Herstellungsweg, Gestaltung, Qualität, Umfang, Richtigkeit, Kreativität usw. In dieser Heterogenität der Lernprodukte liegt ein Mehrwert, der in ihrer Präsentation und im diskursiven Austausch darüber fruchtbar gemacht werden kann, beispielsweise indem ein

3.3 Begriffe als Lernprodukte

ungewöhnliches Produkt intensiv besprochen wird oder sich die Lerngruppe auf einen gemeinsamen Kern aller Lernprodukte verständigt.

Die Lernproduktorientierung ermöglicht es – in Ergänzung zum Bonbonmodell –, Unterricht aus einer anderen Perspektive zu denken. Die erste und wichtigste Frage bei der Planung von Unterricht nach Leisen ist: Welche Lernprodukte können und sollen erstellt werden? Alles Weitere ergibt sich aus der Antwort auf diese Frage. Vom Lernprodukt aus werden die vorangehenden und nachfolgenden Phasen in der Planung strukturiert. Auch das Vorgehen bei der Planung des Unterrichts wird daher vom Modell angeleitet. In der Philosophiedidaktik empfiehlt Tim Pörschke ein ähnliches Vorgehen als „Unterrichtsplanung durch backward design". Dabei wird analog zu Leisen mit der Planung der „Fertigungsphase" begonnen (Pörschke 2021, 116 f.).

Steht die Begriffsbildung im Zentrum des Unterrichts, sind die Begriffe als solche die zentralen Lernprodukte. Angesichts des Lehr-Lern-Modells von Leisen als Bezugspunkt stellt sich für die Lehrkraft nun die Frage, wie ein Lernprodukt zur begrifflichen Unterscheidung der Prinzipien der Gerechtigkeit aussehen könnte. Leisen formuliert aus physikdidaktischer Perspektive beispielhaft und eher unsystematisch eine Reihe von Möglichkeiten: Bildfolge, Experimentaufbau, Testbericht, Fachcomic, Collage, Prozesserklärung, Szenenkarton, Stellungnahme, Strukturdiagramm, Stillleben, Wirkungsdiagramm usw. (Leisen 2018, 6 f.). Diese Möglichkeiten lassen sich in philosophiedidaktischer Perspektive und ohne Anspruch auf Vollständigkeit ergänzen: Fallbeispiel, Argumentanalyse, Dialog, Essay, Brief, Tagebucheintrag, Kommentar, Projekt, Diskussionsforum, Gedankenexperiment, theatrale Szene, Schaubild, Begriffsnetz, Interview, Zeichnung usw.

Man erkennt unschwer an dieser Auflistung, dass es sich bei den Vorschlägen um kategorisch sehr unterschiedliche Arten von Lernprodukten handelt. Im Sinne der Orientierung am Lernprodukt müssen wir uns an dieser Stelle die Frage stellen, welche Art beziehungsweise Form von Lernprodukt für unser beispielhaftes Ziel der Einführung und Vertiefung der begrifflichen Unterscheidung von Normen und Werten geeignet ist. Um bei der Auswahl eines geeigneten Lernproduktes systematisch und begründet vorgehen zu können (und auf diese Weise den Ansatz von Leisen zu ergänzen), lohnt es sich, zusätzlich auf lerntheoretische Überlegungen von Jérôme Bruner zum sogenannten *Darstellungsebenenwechsel* zurückzugreifen. Warum dies vor allem in der Phase des vertiefenden Übens von Begriffsverständnissen hilfreich sein kann, wird weiter unten (Abschn. 3.5) noch auszuführen sein.

3.4 Ein Lehr-Lern-Modell für philosophische Begriffsbildung

In der unterrichtlichen Praxis ist nicht jede Stunde einer Reihe der Begriffsbildung gewidmet. Vielmehr gibt es verschiedene Stundentypen mit jeweils spezifischem Fokus.[3] Das im Folgenden vorgestellte Lehr-Lern-Modell ist für den Fall gedacht, dass Begriffsbildung im Zentrum des Unterrichts steht und Begriffe die zentralen Lernprodukte sind. Wir gehen in sprachphilosophischer Perspektive davon aus, dass die Alltagssprache den Ausgangspunkt und die Rahmenbedingung von philosophischer Begriffsbildung darstellt (vgl. Abschn. 2.5). Aus lerntheoretischer Perspektive könnte man dies in Übereinstimmung mit einem kognitiv-konstruktivistischen Lernverständnis folgendermaßen formulieren: Philosophische Begriffsbildung muss notwendigerweise auf (begrifflichem) Vorwissen, also auf den Präkonzepten aus der Alltagssprache aufbauen. Aus philosophiedidaktischer Perspektive lassen sich drei verschiedene Arten des Konzeptwechsels beziehungsweise Weisen des Umgangs mit Präkonzepten unterscheiden: Ersetzung, Ergänzung oder Veränderung der Präkonzepte (Zimmermann 2016). In Anlehnung an den Lehr-Lern-Weg der Veränderung von Präkonzepten soll hier Begriffsbildung als eine Transformation durch Reflexion und Ausdifferenzierung des Präkonzepts gefasst werden. Die Alltagssprache ist dabei Grundlage und Basis für den philosophischen Fachbegriff.

Wir können an dieser Stelle das eingangs noch sehr allgemein formulierte Ziel der Unterrichtsreihe (Lernzuwachs) spezifizieren: Ziel ist eine Begriffsbildung als Transformation der Präkonzepte hin zu einem ausdifferenzierten und reflektierten Begriff von Verteilungsgerechtigkeit, der nicht nur einseitige oder rudimentäre, sondern verschiedene Prinzipien der Gerechtigkeit berücksichtigt.[4] Dabei muss im Rahmen eines kognitiv-konstruktivistischen Lernverständnisses

---

[3] In sinnvoller Ergänzung zum Bonbon-Modell gibt es verschiedene Ansätze zu unterschiedlichen Stundentypen und -modellen (Pfister 2017; Pörschke 2017; Burkard/Franzen/Meyer 2018; Goldbeck/Guntermann/Laschet 2019; Guntermann 2020).

[4] Für die Unterscheidung zwischen einseitigen/rudimentären Gerechtigkeitsprinzipien einerseits und einem ausdifferenzierten/reflektierten Begriff von Gerechtigkeit andererseits ist Rawls' Unterscheidung zwischen „concept of justice" (Begriff) und „specific conceptions of justice" (Prinzipien) aufschlussreich. Rawls fasst den Begriff von Gerechtigkeit als „a proper balance between competing claims from a conception of justice as a set of related principles for identifying the relevant considerations that determine this balance" (Rawls 1999, 9). In diesem Sinne stellen die Prinzipien (Leistungsprinzip, Bedarfsprinzip etc.) verschiedenartige normative Grundlagen dar, aus deren Perspektive jeweils unterschiedlich über Gerechtigkeit geurteilt werden kann. Ein ausdifferenzierter und reflektierter Begriff von Gerechtigkeit berücksichtigt (abwägend) möglichst vielfältige solcher Prinzipien.

3.4 Ein Lehr-Lern-Modell für philosophische Begriffsbildung

Begriffsbildung auf Präkonzepten (begrifflichem Vorwissen aus der Alltagssprache) aufbauen. Im Folgenden sollen Möglichkeiten zur Anleitung und Evaluation dieser Begriffsbildung dargestellt werden. Die Anleitung von Begriffsbildung sowie die Evaluation, ob Schüler*innen über bestimmte Begriffe verfügen, lässt sich anhand von spezifischen Fähigkeiten (wie Urteilen und Wahrnehmen) durchführen (vgl. Abschn. 2.3). Dabei geht das ‚Verfügen' über Begriffe notwendigerweise über eine bloße definitorische Wiedergabe dieser Begriffe hinaus. Aus unterrichtspraktischer Perspektive lässt sich genauer ausführen, welche spezifischen Fähigkeiten es sind, die zur Anleitung und Evaluation der Begriffsbildung dienen können. Aus diesen spezifischen Fähigkeiten, die im Folgenden in Form von Operationalisierungen angegeben werden, lässt sich ein Lehr-Lern-Modell speziell für philosophische Begriffsbildung entwickeln. Dabei ist es notwendig, in einer ersten Phase die Präkonzepte als Vorwissen und Ausgangspunkt ins Zentrum der Lernsituation zu stellen. Diese erste Phase dient dabei auch dazu, die verschiedenen Präkonzepte unterschiedlicher Schüler*innen im Lernraum explizit und öffentlich zu machen.

Schüler*innen können (in Phase 1: Präkonzepte als Ausgangspunkt)

- das eigene Präkonzept (des Begriffs) (a) artikulieren und/oder an einem Beispiel explizieren und dieses Präkonzept (b) als unvollständig, unpräzise und/oder eines unter vielen benennen
- verschiedene Präkonzepte miteinander vergleichen
- Präkonzepte reflektieren, differenzieren und ggf. korrigieren

In einer zweiten Phase kann es dann darum gehen, für weiteren Lernzuwachs fachphilosophische Begriffe (beispielsweise aus der philosophischen Tradition) im Lehr-Lern-Prozess als neuen Input zur Anwendung zu bringen.

Schüler*innen können (in Phase 2: Erarbeitung eines ausdifferenzierten und reflektierten Begriffs)

- Präkonzepte mit dem fachphilosophischen Begriff (kritisch) vergleichen
- aus Präkonzepten und (verschiedenen) fachphilosophischen Begriffen eine Synthese, das heißt einen ausdifferenzierten und reflektierten Begriff erarbeiten[5]

---

[5] Das Resultat der zweiten Phase ist keine strikte Unterscheidung zwischen Alltagsbegriff und Fachbegriff, sondern ein ausdifferenzierter und reflektierter Begriff als Synthese von

Die dritte Phase stellt den sicheren Umgang mit dem ausdifferenzierten und reflektierten Begriff ins Zentrum, und zwar in Bezug auf verschiedene (lebensweltliche) Kontexte und (operationale) Variationen des Begriffsgebrauchs. Es handelt sich somit um eine Phase des Transferierens und des Übens, die letztendlich darin mündet, dass die Schüler*innen ein gut begründetes eigenes Urteil (zur Problemfrage der Unterrichtsreihe) formulieren können.

Schüler*innen können (in Phase 3: Festigung, Übung und Stellungnahme)

- den ausdifferenzierten und reflektierten Begriff auf Phänomene der Lebenswelt anwenden: Sinneserfahrungen und Sachverhalte in der Perspektive des Begriffs wahrnehmen, einordnen und reflektieren
- mit dem ausdifferenzierten und reflektierten Begriff widerspruchsfrei und begründet argumentieren und differenziert Positionen beurteilen
- ein begründetes Urteil auf Grundlage des ausdifferenzierten und reflektierten Begriffs fällen

(ggf. kann die Stellungnahme gesondert als Phase 4 betrachtet und hervorgehoben werden)

Die drei Phasen sind insgesamt in einer aufsteigenden Entwicklung vom Präkonzept zum ausdifferenzierten und reflektierten Begriff bis zur sicheren Verfügung über diesen konzipiert. Auch innerhalb der Phasen (besonders innerhalb von Phase 1) gibt es eine aufsteigende Bewegung zu immer komplexeren Anforderungen. Nicht explizit berücksichtigt, sondern vorausgesetzt werden im Modell grundlegende Kompetenzen wie beispielsweise Lesestrategien und Textverständnis (zur Erschließung eines Fachbegriffs) sowie methodische Kenntnisse zum Argumentieren (in Phase 3).

Das vorgestellte Lehr-Lern-Modell stellt ein Handwerkszeug zur Unterrichts- und Reihenplanung dar, indem es die mögliche Struktur einer Reihe mit kontinuierlichem Lernzuwachs (in Bezug auf die Begriffsbildung) und Möglichkeiten zur Evaluation vorgibt bzw. in ihren Umrissen erkennen lässt. Das Modell kann die Lehrkraft bei der Unterrichtsplanung unterstützen, denn es leitet nicht nur die Planung von Reihen und Unterrichtseinheiten an, sondern – anhand der Operationalisierungen – auch die Gestaltung von konkreten Arbeitsaufträgen; es lässt aber gleichzeitig genug Spielraum für die konkrete und lerngruppenspezifische

---

Alltagsbegriff und Fachbegriff. Das heißt, auch der Fachbegriff kann ggf. durch Präkonzepte kritisch verändert werden. Die Möglichkeit zur kritischen Korrektur besteht – folgt man obigen Ausführungen – in beide Richtungen.

Ausgestaltung des unterrichtlichen Umgangs mit Begriffen. Eine Evaluation ist ebenfalls anhand der Operationalisierungen möglich, da diese als Indikatoren für den Lernfortschritt der Schüler*innen dienen können.

3.5 Zusammenspiel zwischen Aktivität der Lehrkraft und Aktivität der Schüler*innen sowie der Darstellungsebenenwechsel zum vertiefenden Üben

Ein Lehr-Lern-Modell besteht aus dem Zusammenspiel des Lehrens (Aktivität der Lehrkraft) und des Lernens (Aktivität der Schüler*innen). Das vorgestellte Modell stellt die Aktivität der Schüler*innen ins Zentrum, dennoch ist die anleitende und unterstützende Aktivität der Lehrkraft unabdingbar. Für unsere beispielhafte Unterrichtsreihe zum Thema Verteilungsgerechtigkeit bedeutet das konkret: Im ersten Teil der ersten Phase des vorgestellten Lehr-Lern-Modells wird es der Fall sein, dass schon einige Prinzipien der Gerechtigkeit (aus der Alltagssprache) implizit oder explizit beziehungsweise im vollen Umfang oder nur rudimentär im Spiel sind.[6] Das könnten beispielsweise ein Gleichheitsprinzip (,Eine Verteilung ist dann gerecht, wenn alle dasselbe haben') und ein Leistungsprinzip (,Eine Verteilung ist dann gerecht, wenn jeder das bekommt, wofür er arbeitet') sein. Dies ist begriffliches Potenzial, das im Lernraum explizit und öffentlich gemacht werden muss und auf das es im Unterricht einerseits aufzubauen gilt. Andererseits sollten die Schüler*innen die Vagheit und Unzulänglichkeiten von noch nicht hinreichend ausdifferenzierten beziehungsweise unreflektierten Begriffen in dieser Phase im Sinne einer kognitiven Dissonanz selbst erfahren (Henke 2017). Damit wird die Notwendigkeit der philosophisch-kritischen Reflexion von Alltagsbegriffen deutlich.

Ziel des zweiten Teils der ersten Phase des Modells ist es, aus dem schon vorhandenen begrifflichen Potenzial einen *reflektierten* Gerechtigkeitsbegriff zu erarbeiten. Dies sollte – mit dem Alltagsbegriff als Ausgangspunkt – in einer methodisch durchsichtigen und schrittweise nachvollziehbaren Art und Weise

---

[6] Die erste und zweite Phase des Modells ähneln der intuitiven und der angeleiteten Problemlösungsphase im „Bonbonmodell" (Sistermann 2016). Eine zu strikte Trennung zwischen einer selbstgesteuert-intuitiven Problemlösungsphase und einer angeleitet-kontrollierten Problemlösungsphase ist vor dem Hintergrund der obigen Ausführungen zum Verhältnis zwischen Alltags- und Fachsprache aber nicht sinnvoll. Beide Phasen sollten vielmehr ohne scharfe Trennung voneinander ablaufen, fließend ineinander übergehen und sich somit gegenseitig beeinflussen können.

geschehen: Es müssen unter Anleitung implizite Aspekte des Alltagsbegriffs sowie Prämissen und eventuell schon gezogene Schlussfolgerungen explizit gemacht und so als geteiltes Wissen etabliert werden. Außerdem müssen zunächst als individuell wahrgenommene Überzeugungen verallgemeinerungsfähig formuliert werden und es sollte gegebenenfalls zur Explikation von Einstellungen (Wünschen, Präferenzen etc.) durch die Einführung von normativem Vokabular (sollte, Gesetz etc.) kommen (Thein 2020). Diese Liste notwendiger methodischer Elemente der Reflexion von Alltagsbegriffen ließe sich in Abhängigkeit von dem jeweiligen Thema und der jeweiligen Lerngruppe noch ausweiten. Ziel der Phase kann und sollte es auch sein, dass die Schüler*innen sich diese begrifflich-analytischen Fähigkeiten mehr und mehr selbst aneignen.

In der zweiten Phase muss es dann darum gehen, den rudimentären Gerechtigkeitsbegriff, der bisher im Spiel war, weiter *inhaltlich auszudifferenzieren*. Ziel ist es, dass alle Schüler*innen möglichst vielfältige Prinzipien der Gerechtigkeit kennen. Das kann in Ergänzung zum Vorwissen der Schüler*innen unter Rückgriff auf die begrifflichen Wissensbestände der philosophischen Tradition erreicht werden. In unserer beispielhaften Unterrichtssituation könnten die schon (teilweise) vorhandenen Prinzipien um ein Zufallsprinzip (‚Gerecht ist es, wenn jede und jeder die gleiche Chance hat, etwas zu bekommen, z. B. durch ein Losverfahren') und ein Bedarfsprinzip (‚Gerecht ist es, wenn diejenigen zuerst etwas bekommen, die weniger besitzen als andere und es dringend brauchen') ergänzt werden. Die Erarbeitung dieser zusätzlichen inhaltlichen Aspekte eines ausdifferenzierteren Gerechtigkeitsbegriff sollte durch geeignetes Lernmaterial und mit Blick auf das ausgewählte Lernprodukt möglichst selbstständig von den Schüler*innen erarbeitet werden. Erst die Kenntnis des nunmehr in vier Prinzipien der Gerechtigkeit ausdifferenzierten Gerechtigkeitsbegriffs (Gleichheitsprinzip, Bedarfsprinzip, Leistungsprinzip und Zufallsprinzip) ermöglicht eine differenzierte und abwägende Positionierung (aus verschiedenen Perspektiven) und ein gut begründetes Urteil.

In der dritten Phase steht zunächst ein vertiefendes Üben des Begriffs im Zentrum, bevor es darum gehen kann, dass die Schüler*innen ein gut begründetes Urteil fällen (können). Solch vertiefendes Üben als „Durcharbeiten" des Begriffs ist nach Hans Aebli eine von zwölf Grundformen des Lernens (Aebli 1994, S. 310 ff.), die beispielsweise mit einem Transfer des Begriffs sowie dessen Anwendung in verschiedenen lebensweltlichen Kontexten erreicht werden kann. Dabei sollten die Schüler*innen variierend wahrnehmend und argumentierend mit dem Begriff umgehen. Durch einen Wechsel der Darstellungsebene des Begriffs kann das Gelernte außerdem nachhaltig vertieft werden. Jérôme Bruners

3.5 Zusammenspiel zwischen Aktivität der Lehrkraft und Aktivität ...

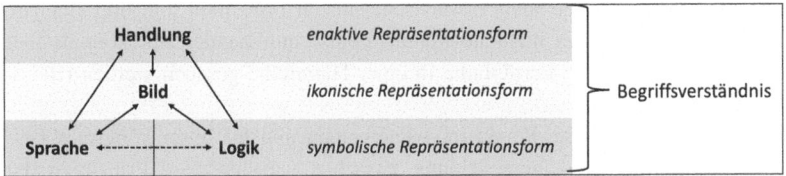

Abb. 3.3 Begriffsverständnis durch Repräsentationsformen. (Nach Bruner 1971)

lernpsychologische Theorie zum Darstellungsebenenwechsels und deren Implikationen finden unter dem Titel „E-I-S Prinzip" in der Mathematikdidaktik in Bezug auf mathematische Begriffsbildung breite Anwendung (Bruder et al. 2015, 92 ff. und 386 ff.). Nach dieser Theorie sind für das Lernen von (mathematischen) Begriffen drei Darstellungsebenen entscheidend. Bruner argumentiert dafür, dass Wissensbereiche konstitutiv mit unterschiedlichen Ebenen der Repräsentation beziehungsweise Darstellung von deren Inhalten verbunden sind, nämlich mit einer Ebene der Handlung („enaktiv"), mit einer bildlichen oder graphischen Ebene („ikonisch") und einer Ebene von symbolischen oder logischen Propositionen („symbolisch"). Die symbolische Ebene differenziert Bruner dabei am Beispiel eines Schwebebalkens weiter aus: „a balance beam can be described in ordinary English, […] or it can be […] described mathematically by reference to Newton's Law of Motion in inertial physics" (Bruner 1966, 45). Auf der symbolischen Ebene sind sowohl das System der (Umgangs-)Sprache als auch Systeme logisch-formaler Darstellungen wie beispielsweise das der Mathematik oder dasjenige der auch in der Philosophie angewandten Aussagen- und Prädikatenlogik angesiedelt (Abb. 3.3).

Die drei Ebenen sind in der Denkentwicklung nach Bruner nicht als strikt aufeinanderfolgend bzw. aufsteigend zu verstehen. Die Repräsentationsformen sollen nicht als Stufenmodell verstanden werden, das in der symbolischen Darstellung die höchste, letztlich anzustrebende Ebene sieht. Lernen ist für Bruner vor allem dadurch geprägt, jeden Repräsentationsmodus in die jeweils anderen übersetzen zu können. Bruner legt besonderen Wert darauf, dass der Wechsel der Ebenen in beiden Richtungen berücksichtigt wird. Erst die Verbindung aller Darstellungsebenen gibt ein tiefes Verständnis eines Sachverhalts (Bruner 1971, 28 ff.). Es wird auch dafür argumentiert, dass mit zunehmendem Alter der Schüler*innen die enaktive Ebene an Bedeutung verliert, da die Schüler*innen sich Handlungen abstrakt vorstellen können (Zech 2002, 105). Nach dieser Sichtweise gibt es in unterschiedlichen Altersstufen unterschiedliche Prioritäten für bestimmte

Darstellungsweisen, aber auch Erwachsene nutzen prinzipiell alle drei Ebenen. Die Ebenen bauen dabei nicht notwendigerweise aufeinander auf, können aber in Bezug auf bestimmte Lerninhalte in einer Hierarchie gesehen werden (Reiss/ Hammer 2013, 31).

Für die unterrichtliche Praxis im Allgemeinen und für unser konkretes Beispiel der begrifflichen Unterscheidung zwischen verschiedenen Prinzipien der Gerechtigkeit können wir an dieser Stelle zwei Punkte festhalten. Erstens müssen während der Einführung und Vertiefung der Begriffe verschiedene Repräsentationsebenen bedient werden. Lernmaterialien und Aufgabenstellungen müssen demnach so angelegt sein, dass ein Wechsel zwischen den Darstellungsebenen stattfindet. Zweitens können wir verschiedene Lernprodukttypen nach den drei Repräsentationsebenen unterscheiden. Diese Systematik hilft uns, anhand der Wahl bestimmter Lernprodukte, die im Unterricht erstellt werden sollen, einen Darstellungsebenenwechsel anzuleiten.

In Bezug auf das unterrichtliche Beispiel zur Verteilungsgerechtigkeit kann die enaktive Ebene beispielsweise bei handlungsorientierter Projektarbeit (z. B. wie verteilen wir bestimmte Ressourcen im Schulalltag auf gerechte Weise?) oder beim theatralen Philosophieren (z. B. in Szenen zu den verschiedenen Prinzipen der Gerechtigkeit) zur Anwendung kommen.[7] Auf ikonischer Ebene kann beispielsweise eine illustrierende Landkarte der verschiedenen Gerechtigkeitsprinzipien gezeichnet werden. Nachdem ausgewählte Schüler*innen ihre Landkarten als Lernprodukte präsentiert haben, kann die Lehrkraft – als Übergang zur symbolischen Ebene – eine Diskussion zu den Unterschieden und möglicherweise auch dem gemeinsamen Kern der Lernprodukte moderieren. Für leistungsstarke Lerngruppen bietet es sich an, die Schüler*innen (ohne Vorgabe der Landkarte) selbstständig eine passende Illustration finden zu lassen und anschließend über die gefundenen Bilder und mögliche Alternativen zu diskutieren. Dabei kann es auch sinnvoll sein, ein ungewöhnliches und dennoch oder gerade aufgrund der Ungewöhnlichkeit interessantes Lernprodukt intensiv zu diskutieren. Das ausgewählte Lernprodukt muss dabei keineswegs fehlerfrei sein. Auf der symbolischen Ebene kann die Aufgabe außerdem beispielsweise darin bestehen, bestimmte Fallbeispiele unter Berücksichtigung eines bestimmten Gerechtigkeitsprinzips zu beurteilen. Die einzelnen Ebenen sind dabei weder in einer strikt aufeinanderfolgenden beziehungsweise aufsteigenden Reihenfolge zu behandeln noch scharf voneinander abgegrenzt; sie können daher im unterrichtlichen Geschehen fließend ineinander übergehen. Die Verbindung

---

[7] Vgl. als einschlägige Literatur zur Projektarbeit etwa Mamin 2016, zum Spiel Marsal/ Dobashi 2006 und zum theatralen Philosophieren Gefert 2002.

aller Darstellungsebenen stellt ein tieferes Verständnis des Gerechtigkeitsbegriffs her. Damit sich die Ebenen gegenseitig unterstützen können, ist es für das Verständnis der Lernenden wichtig, sowohl von der enaktiven über die ikonische zur symbolischen Ebene (Abstraktion) zu wechseln als auch umgekehrt von der symbolischen über die ikonische zur enaktiven Ebene (Konkretisierung). Der Darstellungsebenenwechsel stellt ein Mittel des intelligenten Übens dar, das besonders für eine heterogene Lerngruppe angemessen sein kann. Erst wenn die Schüler*innen sicher und flexibel im Umgang mit dem Begriff der Gerechtigkeit sind, sollte ein eigenes und (vorerst) abschließendes Urteil in Bezug auf die Problemfrage der Reihe angestrebt werden.

Den vorangegangen Überlegungen zufolge empfiehlt es sich, die dritte Phase im vorgeschlagenen Lehr-Lern-Modell für die Vertiefung von Begriffsverständnissen mithilfe des Darstellungsebenenwechsels zu nutzen. Anhand neu eingeführter Begriffe werden Lernprodukt erstellt, die in der Lerngruppe diskutiert werden und mit denen anschließend weitergelernt werden kann. Mit dieser Ergänzung ergibt sich ein ausdifferenzierteres Zusammenspiel und Wirkungsverhältnis von (anleitendem) Lehren und (selbstgesteuertem) Lernen. Über die Orientierung an Lernprodukten wird für bestimmte Unterrichtsziele jeweils deutlich, welche Darstellungsebenen und welche dazugehörigen Schüler*innenaktivitäten sinnvoll eingesetzt werden können.

3.6 Zwischenfazit

Begriffsbildung startet mit Präkonzepten als Ausgangspunkt und führt letztendlich zu ausdifferenzierten und reflektierten Begriffen. Das skizzierte Lehr-Lern-Modell leitet den Prozess der Bildung von Begriffen mit kontinuierlichem Lernzuwachs an und ermöglicht dessen Evaluation. In Ergänzung zum philosophiedidaktischen Paradigma der Problemorientierung bietet sich dabei eine Orientierung an Begriffen als Lernprodukten an. Zum vertiefenden Üben von Begriffsverständnissen kann der Darstellungsebenenwechsel dem allgemeinen Lehr-Lern-Modell für die unterrichtliche Praxis an die Seite gestellt werden. Die gleichzeitig mit dem Verständnis von Begriffen zu erwerbenden Kompetenzen sind nicht nur für den Philosophie- und Ethikunterricht bedeutsam, sondern lassen sich auch in vielerlei anderen alltäglichen und öffentlichen Praktiken variabel einsetzen. Schüler*innen verfügen damit letztendlich über Begriffe als Fähigkeiten, die über den Unterricht hinaus in vielfältigen Kontexten Anwendung finden können.

Das vorgestellte Lehr-Lern-Modell dient einer *allgemeinen* Begriffsbildung. Schaut man sich in der philosophischen Fachwissenschaft um, so stellt sich heraus, dass die Philosophie vor allem in Bezug auf ihre Methoden zur Begriffsbildung eine in sich plurale Wissenschaft ist. Diese Pluralität kann das vorgestellte allgemeine Lehr-Lern-Modell zur Begriffsbildung noch nicht abbilden. Soll beispielsweise der Begriff einer ungerechten Gesellschaft erarbeitet werden, bietet es sich an, die besondere philosophische Methode der immanenten Kritik anzuwenden. Dabei könnte die Begriffsbildung und damit zusammenhängende Analyse darin bestehen, einen spezifischen Widerspruch innerhalb der gesellschaftlichen Strukturen aufzuzeigen, der diese als ungerechte Gesellschaft kennzeichnet. Im folgenden Kapitel soll auf drei ausgewählte besondere philosophische Methoden zur Begriffsbildung eingegangen werden. Der Fokus liegt dabei auf Methoden der spezifisch *kritischen* Begriffsbildung anhand von Genealogie, Dekonstruktion und immanenter Kritik.

4 Besondere philosophische Methoden zur kritischen Begriffsbildung

Der Fokus dieses Kapitel liegt auf Methoden der Begriffsbildung für eine bestimmte Art des kritischen Denkens. Um diese Art kritischen Denkens zu charakterisieren, kann zwischen einer *allgemeinen* Form des kritischen Denkens und einer *spezifischen* Form des kritischen Denkens unterschieden werden. Kritisches Denken im Allgemeinen lässt sich fassen als die Analyse verfügbarer Fakten, Beweise, Beobachtungen, Argumente und anderer Materialien, um durch die Anwendung rationaler, skeptischer und unvoreingenommener Analysen und Bewertungen ein Urteil zu fällen (Ennis 2018). Für diese allgemeine Form des kritischen Denkens sind rationale Argumentation und begriffliche Analyse die wichtigsten Werkzeuge (Facione 1990; Pfister 2020). In einer spezifischen Form wird kritisches Denken im Bildungskontext als eine prozessorientierte (statt ergebnisorientierte) Praxis beschrieben, die durch die Irritation bestehender Denkmuster und vermeintlicher Gewissheiten angeregt wird (Kohnen und Rott 2023a). Die kritisierten Denkmuster und vermeintlichen Gewissheiten sind dabei nicht nur die der anderen, sondern können auch die jeweils eignen sein. Kritisches Denken wird dabei als Reflexion verstanden, die gesellschaftliche Strukturen nicht als gegeben hinnimmt, sondern in ihren historischen, ökonomischen und sozialen Zusammenhängen analysiert. Ziel ist es, gesellschaftliche Strukturen und Machtkonstellationen innerhalb dieser Strukturen zu hinterfragen, um transformative Prozesse anzustoßen. Kohnen und Rott (2023b) betonen in diesem Zusammenhang (und im Kontext der Bildung für nachhaltige Entwicklung als Beispiel) Ansätze des kritischen Denkens, die versuchen der Komplexität gesellschaftlicher Fragen gerecht zu werden. Wer kritisch denken kann, ist in der Lage, komplexe gesellschaftliche Probleme anzugehen, auf die es keine einfache, vielleicht sogar keine klare Antwort gibt. In Anlehnung an Horkheimer (1937) argumentieren Kohnen und Rott außerdem, dass die initiierten transformativen Prozesse des kritischen Denkens in dieser spezifischen Form mit emanzipatorischem Potenzial verbunden sind. Während der allgemeine Ansatz des kritischen Denkens unabhängig von bestimmten Fachbereichen oder Schulfächern konzipiert ist (Ennis 1989), wird argumentiert, dass ein spezifischer Ansatz integrativ mit den jeweiligen Besonderheiten des Fachbereichs oder Schulfachs verbunden ist (Jahn 2012). Die Entwicklung solcher philosophisch spezifischen Formen des kritischen Denkens kann dementsprechend dazu beitragen, ein eigenes Profil des Schulfachs Philosophie zu entwickeln (Thein 2021b).

Im Folgenden werden Genealogie, Dekonstruktion und immanenter Kritik als Methoden kritischer Begriffsbildung in den Blick genommen. Zur Umsetzung solcher (und potentiell vielfältig anderer) Methoden stellt sich die Frage, wie problemorientierter Unterricht der methodischen Pluralität der Begriffsbildung gerecht werden kann. Dazu wird das unterrichtspraktische Paradigma der *Problemorientierung* und dessen Umsetzung durch das Bonbon-Modell (Sistermann 2016) aufgegriffen. Dieses Paradigma wird pluralistisch geöffnet. Dies wird anhand eines Unterrichtsbeispiels illustriert. Auf dieser Grundlage wird letztlich die Frage beantwortet, inwiefern problemorientierter Unterricht der methodischen Pluralität der Begriffsbildung gerecht werden kann. Dazu wird ein Verständnis von Problemorientierung vorgestellt, das auf einem (i) weiten, (ii) methodenspezifischen, (iii) konkreten und (iv) lösungsoffenen Problemverständnis fußt.

4.1 Philosophische Probleme aus didaktischer Perspektive

Die typische unterrichtspraktische Umsetzung der Problemorientierung findet zumeist anhand des sogenannten Bonbon-Modells (Sistermann 2016) in sechs konsekutiven Unterrichtsphasen statt. Interessant ist an dieser Stelle nun, welche Art von Problemen im Bonbon-Modell auf welche Art und Weise gelöst werden sollen. Probleme werden von Sistermann als zu treffende (Wahrheits-)Entscheidungen zwischen (meist zwei) Alternativen gefasst: „Die ‚ob-Frage' scheint die für einen Lernprozess im Sinne des Bonbonmodells angemessenste Frage zu sein, verweist sie doch im oben beschriebenen Sinne auf mindestens zwei widersprüchliche Thesen, die sich gegenüberstehen und die Schüler zu einer begründeten Entscheidung herausfordern" (219). Diese Auffassung soll als *enges* Problemverständnis bezeichnet werden. Inhaltlich sollen

4.1 Philosophische Probleme aus didaktischer Perspektive

Sistermann zufolge in Problemen die Grundspannungen der menschlichen Existenz thematisiert werden. Dazu gehören beispielsweise die „drei ontologische Grundpolaritäten, die unsere Existenz und alles Sein bestimmen: Freiheit und Schicksal, Dynamik und Form und Individuation und Partizipation" (208). Diese Auffassung soll als *abstraktes* Problemverständnis bezeichnet werden. Zunächst soll im Folgenden anhand eines Unterrichtsbeispiels illustriert werden, wie sich das enge und abstrakte Problemverständnis auf das Unterrichtsgeschehen auswirkt. Zugleich soll allgemein hinterfragt werden, was ein philosophisches Problem abseits des engen und abstrakten Verständnisses ausmachen könnte.

Die Frage nach der Beschaffenheit eines philosophischen Problems in didaktischer Perspektive soll anhand eines Unterrichtsbeispiels gestellt werden. Beispielhafter Inhalt der unterrichtlichen Auseinandersetzung ist das Thema Geschlecht, welches auf Grundlage von folgendem Abschnitt aus Jean-Jacques Rousseaus *Emil oder Über die Erziehung* (Fünftes Buch)[1] von 1762 behandelt werden soll:

> „Es wird deshalb notwendig sein, zunächst das Uebereinstimmende und die Verschiedenheiten ihres [des weiblichen] und unseres [des männlichen] Geschlechtes näher zu untersuchen. [...]
> Aus dieser Verschiedenheit ergibt sich der erste bestimmbare Unterschied beider Geschlechter in moralischer Beziehung. Das eine [männliche] soll tätig und stark sein, das andere [weibliche] empfangend und schwach; bei dem einen muß notwendig Wille und Kraft herrschen, bei dem anderen zarte Nachgiebigkeit. [...]
> Eine dritte Folge der Beschaffenheit der beiden Geschlechter ist die eigentümliche Erscheinung, daß der Stärkere nur scheinbar der Herr ist, während er in der Tat von dem schwächern Teil abhängt [...] Nicht weil die Männer es gewollt haben, sind die Frauen zur Herrschaft gelangt, sondern weil es der Wille der Natur ist. Sie gehörte ihnen schon, noch bevor sie dieselbe auszuüben schienen." (Rousseau 2019, 385 f.)

Was ist ein philosophisches Problem, das sich an beziehungsweise mit dem Text stellen lässt? Im Sinne eines engen und abstrakten Problemverständnisses als (Wahrheits-)Entscheidung zwischen (meist zwei) Alternativen lässt sich folgende Problemfrage formulieren: *„Gibt es eine natürliche Differenz der Geschlechter?"*, beziehungsweise mit Sistermann formuliert: *„Diskutieren Sie anhand des Textausschnittes von Rousseau, ob es eine Differenz der Geschlechter gibt!"*

Die typische Umsetzung anhand des Bonbon-Modells strebt (nach einer intuitiven Problemlösungsphase unter Rückgriff auf das Vorwissen der Schüler*innen)

---

[1] Dankenswerterweise angeregt wurde die Wahl dieses Textauszuges von Christian Thein, auf den auch die Idee zurückgeht, die Genealogie als Methode für den Unterricht produktiv zu machen (Thein 2021b). Der gewählte Ausschnitt ist für die Zwecke dieses Kapitels absichtlich kurz gehalten. Für den realen Einsatz im Unterricht sollte der Ausschnitt ggf. länger gewählt werden, um zentrale Gedanken von Rousseau ausführlicher wiederzugeben.

eine Beantwortung der Frage in der zentralen kontrollierten Problemlösungsphase durch eine argumentationstheoretische Rekonstruktion des Textes sowie eine geltungstheoretische Analyse der gefundenen Argumente an. Ziel ist es dabei, ein begründetes Urteil in Bezug auf die Problemfrage zu bilden. Dieses Vorgehen ist ein sinnvoller Zugang zum Problem, welcher sich aber (primär) argumentativ-analytischer Methoden der Begriffsbildung bedient.

Hier sollen zur exemplarischen Veranschaulichung drei weitere Probleme anhand des zitierten Rousseau-Textes formuliert werden, die sich jeweils im Zusammenhang mit anderen besonderen philosophischen Methoden der Begriffsbildung konstituieren. Im Hintergrund steht dabei ein wechselseitiges Verhältnis zwischen besonderen philosophischen Methoden der Begriffsbildung einerseits und den anvisierten philosophischen Problemen andererseits, für das auch Thein (2020) und Porps (2025) argumentieren. In der Perspektive eines genealogischen Begreifens lässt sich fragen: *„Inwiefern haben historische Positionen (wie die von Rousseau) unser heutiges gesamt-gesellschaftliches Bild einer Frau bzw. mein ganz persönliches Bild von mir als Frau mitgeprägt?"* Ein dekonstruktives Fragen könnte folgendermaßen lauten: *„Inwiefern können wir Rousseau nicht nur als Denker einer Unterdrückung der Frau, sondern vielmehr auch als Vordenker einer weiblichen Emanzipation verstehen?"* Ein kritisch-theoretisches Analysieren würde beispielsweise die Frage stellen: *„Inwiefern besteht ein Widerspruch zwischen Rousseaus Beschreibung der Rolle der Frau in ihrer Gesamtheit (sowie dem Anspruch, der damit einhergeht) und den gesellschaftlichen Rechten von Frauen in seiner Zeit?"*[2]

4.2 Die methodische Pluralität der Begriffsbildung im problemorientierten Unterricht

Im Folgenden werden drei Voraussetzungen ausgearbeitet, die Bedingungen dafür darstellen, dass problemorientierter Unterricht der methodischen Pluralität der Begriffsbildung gerecht werden kann. Dabei wird ein Verständnis von Problemorientierung entwickelt, das auf einem (i) *weiten* (das heißt auch *methodenspezifischen*) und (ii) *konkreten* Problemverständnis basiert, welches (iii) nicht strikt durch das Bonbon-Modell umgesetzt werden kann und (iv) *offen* für ein weites Lösungsspektrum ist.

---

[2] Es ließe sich die Frage stellen, ob diese beispielhaften Problemformulierungen kontrovers genug sind, um für den Philosophieunterricht zu taugen (Thein 2021a). Eventuell könnte man analog zu den verschiedenen Typen von Problemen auch verschiedene Typen von Kontroversität herausarbeiten.

4.2 Die methodische Pluralität der Begriffsbildung …

Im Anschluss an die obigen drei weiteren Problemformulierungen aus den Perspektiven von Genealogie, Dekonstruktion und Kritischer Theorie lässt sich die erste Voraussetzung ableiten. Diese Voraussetzung ist ein *weites* (im Gegensatz zu einem engen) *Problemverständnis*. Dieses weite Problemverständnis geht davon aus, dass philosophische Probleme nicht immer in Form eines Streitfalls zwischen Alternativen aufgefasst werden müssen (Engels 1990). Nicht alle philosophischen Probleme sind (Wahrheits-)Entscheidung zwischen (meist zwei) Alternativen. Darüber hinaus argumentiert Paret (2023) in polemischer, aber bedenkenswerter Weise dafür, dass das Problematisieren als solches zum Problem werden kann, dass auch das Finden von Problemen als ein eigenständiges Problem formuliert werden kann, dass das Auflösen von Problemen beziehungsweise das Erlösen von einem Problem das philosophische Problem sein kann, ohne dass das Problem dabei tatsächlich gelöst wird, sowie dafür, dass das Thematisieren von unlösbaren Problemen seinerseits ein genuin philosophisches Problem darstellt. Und schließlich ist nach Paret auch das kritisch-theoretische Problem der Verkennung der ‚tatsächlichen' Probleme ein philosophisches Problem. Hinzufügen ließe sich noch, dass ein Problem darin bestehen kann, zu verstehen, warum wir bestimmte (Problem-)Fragen überhaupt stellen und was das über uns aussagt.

Ein weites Problemverständnis zeichnet dadurch aus, dass es je *methodenspezifische* Probleme beinhaltet. Auf die obigen drei exemplarischen Problemformulierungen bezogen könnte das beispielsweise das Problem des kritischen Hinterfragens unseres Selbstverständnisses im Rahmen einer genealogischen Methode, das Problem des kritischen Messens eines Textes oder Gedankengangs an dessen eigenem Anspruch im Rahmen einer dekonstruktiven Methode oder das Problem des kritischen Analysierens von krisenhaften gesellschaftlichen Zusammenhängen und Praktiken im Rahmen einer kritisch-theoretischen Methode sein. Hinter den Formulierungen dieser methodenspezifischen Probleme stehen Desiderate von fachphilosophischen Positionen, welche für den schulischen Einsatz durch eine didaktische Transformation elementarisiert wurden: Hinter der genealogischen Methode steht die Position von Saar (2007), hinter der dekonstruktiven Methode die Position von Bertram (2002) und hinter der kritisch-theoretischen Methode die Position zur immanenten Kritik von Jaeggi (2013).[3] Anspruch ist es nicht, diesen Positionen durch die Problemformulierungen gänzlich gerecht

---

[3] Kritisches Denken in dieser spezifischen Form stützt sich auf Material aus einer Vielzahl von Disziplinen (nicht nur Philosophie, sondern auch Disziplinen wie Soziologie, Wirtschaft, Psychologie und Geschichtswissenschaft), um ein umfassendes Verständnis komplexer sozialer Strukturen zu ermöglichen. Dies stellt eine Grenze für die Anwendung im Philosophieunterricht dar, da es nur in begrenztem Umfang möglich sein wird, dieses Material aus anderen Disziplinen in den Unterricht einzubringen. Insbesondere das historische

zu werden. Dennoch sollte eine ausgearbeitete (und für den Schulunterricht überkomplexe) fachphilosophische Position im Hintergrund stehen, da diese den notwendigen Ausgangspunkt jeder didaktischen Transformation bildet. Didaktische Transformation bedeutet dabei eine Elementarisierung des systematischen philosophischen Inhalts auf seine wesentlichen Aspekte mit dem Ziel, ihn für Schüler*innen verständlich zu machen (Klafki 1963). Dabei findet zwangsläufig eine Komplexitätsreduktion des Inhalts statt, die jedoch erfolgen muss, ohne die philosophische Spezifität des Inhalts zu verlieren (Lehner 2020, 120 ff.).

An dieser Stelle zeigt sich, dass die Ausarbeitung einer Typologie verschiedener methodenspezifischer Problemtypen eine lohnende philosophiedidaktische Aufgabe sein könnte, wie auch Porps (2025) argumentiert. Zu jedem methodenspezifischen Problemtyp könnte eine dazugehörige Problemfrage sowie der entsprechende Lösungstyp entwickelt werden. In Abschn. 4.3 ist eine solche Typologie mit den hier verwendeten Beispielen angedeutet.

Die zweite Voraussetzung dafür, dass problemorientierter Unterricht der methodischen Pluralität der Begriffsbildung gerecht werden kann, ist ein *konkretes* (im Gegensatz zu einem abstrakten) *Problemverständnis*. Ein solches Verständnis ist nicht allgemein-abstrakt, wie im Falle der Thematisierung von Grundspannungen der menschlichen Existenz (Sistermann 2016), sondern sollte folgende Eigenschaften haben, die sich an mathematikdidaktische Forschungsergebnisse zu gelungenen Aufgabentypen anlehnen (Brödner 2023):

(a) *authentisch und realistisch:* Das Problem sollte echt und nicht speziell für den Unterricht konstruiert sein.
(b) *lebensweltlich:* Es sollte sich um Probleme handeln, die Schüler*innen (emotional) angehen und gleichzeitig nicht nur die sowieso schon (bewussten) eigenen Probleme der Schüler*innen thematisieren.
(c) *horizonterweiternd:* Die Wahl der Probleme sollte so getroffen werden, dass die Relevanz ganz anderer Probleme oder Probleme von Anderen deutlich wird.
(d) *kompetenzschulend:* Der zum Problem passende ‚Lösungsweg' sollte mit dem Erwerb philosophischer Fähigkeiten (beispielsweise mit einem spezifischen Methodenverständnis) verbunden sein.

Die dritte Voraussetzung dafür, dass problemorientierter Unterricht der methodischen Pluralität der Begriffsbildung gerecht werden kann, ist ein *weites* (im

---

Material, auf dem die Genealogie basiert, muss im Vorfeld für den Schulunterricht aufbereitet und reduziert werden.

Gegensatz zu einem engen) *Lösungsverständnis*. Im Allgemeinen argumentiert Meyer (2017) für ein weites Lösungsverständnis und fordert, dass die ‚Lösung des Problems' nicht primär sein muss, vielmehr kann es beispielsweise auch das Ziel sein, die Problemfrage als solche zu schärfen und das Problem (besser) zu verstehen. Dabei mag das Problem nicht nur nicht gelöst werden, sondern als Problem mitunter sogar komplexer werden. Paret (2023) argumentiert, dass es auch eine Lösung sein kann, das Problem aufzulösen, statt es zu lösen. Weitergehend führt er an, dass es auch eine Lösung sein kann, zu lernen, auf Abstand zu den (eigenen) Problemen zu gehen, und zu registrieren, dass Andere legitimerweise andere Probleme haben. Hinzufügen ließe sich noch, dass eine Lösung auch darin bestehen könnte, zu verstehen und anzuerkennen, dass sich ein Problem nicht (vollständig) lösen lässt, und zu lernen, mit der damit verbundenen Irritation oder Unklarheit umzugehen.

Genauer und in Anbetracht des Methodenpluralismus beschrieben, zeichnet sich ein offenes Lösungsverständnis dadurch aus, dass es je nach besonderer Methode spezifische Lösungen zulässt. Dadurch entsteht ein Spektrum an Lösungen, das ebenfalls wieder in einer Typologie dargestellt werden könnte. Für die obigen drei Problemformulierungen kann das beispielsweise sein, zu verstehen, wie unser Selbstverständnis zu dem geworden ist, das es heute ist, und ggf. einzusehen, dass es auch ein anderes sein könnte (im Sinne der Genealogie); oder einen Text beziehungsweise eine Position der impliziten Unaufrichtigkeit zu überführen und ggf. diese Unaufrichtigkeit entgegen den Absichten des Textes produktiv zu machen (im Sinne der Dekonstruktion); oder einen immanenten Widerspruch im gesellschaftlichen Zusammenhang und unserer gelebten Praxis aufzuzeigen und ggf. die Möglichkeit einer Aufhebung dieses Widerspruchs zu erarbeiten (im Sinne der Kritischen Theorie).

4.3 Typologie von methodenspezifischen Problemtypen zur kritischen Begriffsbildung

Besondere Methode	Methodenspezifischer **Problemtyp**	*Beispielhafte* **Problemfrage**	Methodenspezifischer **Lösungstyp**
Genealogisches Begreifen	Kritisches Hinterfragen unseres Selbstverständnisses	„Inwiefern haben historische Positionen (wie die von Rousseau) unser heutiges gesamtgesellschaftliches Bild einer Frau bzw. mein ganz persönliches Bild von mir als Frau mitgeprägt?"	Verstehen, wie unser Selbstverständnis zu dem geworden ist, das es heute ist, *und ggf.* einsehen, dass es auch ein anderes sein könnte
Dekonstruktives Fragen	Kritisches Messen eines Textes (bzw. einer Position) an dessen eigenem Anspruch	„Inwiefern können wir Rousseau nicht nur als Denker einer Unterdrückung der Frau, sondern vielmehr auch als Vordenker einer weiblichen Emanzipation verstehen?"	Einen Text (bzw. eine Position) der impliziten Unaufrichtigkeit überführen *und ggf* diese Unaufrichtigkeit (entgegen den Absichten des Textes/der Position) produktiv machen
Kritisch-theoretisches Analysieren (*Immanente Kritik*)	Kritisches Analysieren von krisenhaften gesellschaftlichen Zusammenhängen und Praktiken	„Inwiefern besteht ein Widerspruch zwischen Rousseaus Beschreibung der Rolle der Frau in ihrer Gesamtheit (sowie dem Anspruch der damit einhergeht) und den gesellschaftlichen Rechten von Frauen in seiner Zeit?"	Einen (immanenten) Widerspruch im gesellschaftlichen Zusammenhang und unserer gelebten Praxis aufzeigen *und ggf* die Möglichkeit einer Aufhebung dieses Widerspruchs erarbeiten
…	…	…	…

4.3 Typologie von methodenspezifischen Problemtypen ...

Dargestellt ist hier eine Typologie von ausgewählten methodenspezifischen Problemtypen sowie dazugehörigen bespielhaften Problemfragen und Lösungstypen. Die besonderen Methoden sowie die dazugehörigen Problemtypen und Lösungstypen sind allgemein formuliert und können beziehungsweise sollten für den Einsatz in der Schule auf ein konkretes Unterrichtsbeispiel zugeschnitten werden. Dies kann im ersten Schritt durch die Formulierung einer konkreten Problemfrage geschehen. Die in der dritten Spalte angegebenen Problemfragen sind – im Sinne einer solchen Konkretisierung – beispielhaft formuliert, und zwar anhand von obigem Unterrichtsbeispiel zum Thema Geschlecht mit einem Textausschnitt von Jean-Jacques Rousseau: Emil oder Über die Erziehung (1762). Die Problemfragen sind so formuliert, dass die Schüler*innen im Laufe ihrer Bearbeitung und Beantwortung die (didaktisch transformierte) besondere Methode der Begriffsbildung unter Anleitung oder nach einem anfänglichen Lernprozess auch selbstständig anwenden können. Die allgemein formulierten und methodenspezifischen Lösungstypen sind jeweils in zwei Stufen angegeben, getrennt durch *„und ggf. "*. Die beiden Teile der Formulierung lassen sich dabei sowohl auf konsekutive Unterrichtsphasen als auch auf Anforderungsbereiche beziehen. Während der erste Teil der jeweiligen Formulierung, das primäre Ziel, in einer Sicherungsphase und je nach Lerngruppe im Anforderungsbereich II liegen könnte, könnte der zweite Teil in einer Transferphase und im Anforderungsbereich III liegen.

Die vorgeschlagene Typologie ist nur als erster Ansatz zu verstehen, der vielfältig weiterentwickelt und ergänzt werden sollte. Dafür würde es sich empfehlen, dass Expert*innen für jeweils besondere philosophische Methoden der Begriffsbildung im Rahmen einer didaktischen Transformation mit problemorientiertem Fokus sich Gedanken zur Möglichkeit eines unterrichtlichen Einsatzes ihres philosophischen Spezialgebietes machen. Hierbei ist anzumerken, dass sich für ein solches Projekt eine Zusammenarbeit zwischen Didaktiker*innen und Fachphilosoph*innen (die bisher leider fast gänzlich zu vermissen ist) sehr anbieten würde. Die Typologie könnte so kontinuierlich umfangreicher und detaillierter werden.

Im Ergebnis ergibt sich aus den Überlegungen dieses Kapitels das Erfordernis einer genaueren Ausarbeitung und Weiterentwicklung der didaktischen Transformation. Für eine solche Weiterentwicklung haben sich zwei Ansatzpunkte angedeutet. Erstens hat sich gezeigt, dass eine Weiterentwicklung mit problemorientiertem Fokus sinnvoll sein kann. Dabei sollte ein Verständnis von Problemorientierung zugrunde liegen, das auf einem (i) weiten, (ii) methodenspezifischen, (iii) konkreten und (iv) lösungsoffenen Problemverständnis fußt. Zweitens sollte die Art und Weise der Elementarisierung der philosophischen Konzepte, die durch die Transformation stattfinden muss, genauer bestimmt werden. Anbieten würde es sich, die Elementarisierung dabei in (mindestens) zwei

Phasen zu unterteilen. Zunächst wird das philosophische Konzept aus der zeitgenössischen Philosophie oder der philosophischen Tradition auf seine basalen Spezifika heruntergebrochen. Anschließend werden bestimmte dieser Spezifika für die problemorientierte Formulierung von Leitfragen herausgegriffen (und andere begründet ausgeklammert).

Auf der Ebene des philosophischen (Selbst-)Verständnisses ließe sich im Anschluss an die Überlegungen dieses Kapitels und als Fazit nun fragen: Müssen Lehrkräfte alle (welche sind alle?) besonderen philosophischen Methoden der Begriffsbildung beherrschen und flächendeckend unterrichten? Die Antwort, die sich darauf geben lässt, lautet: Natürlich nicht! Aber dieser abschließende Ausblick versteht sich dennoch als Plädoyer für einen offensiveren Umgang mit der philosophischen Methodenpluralität im Schulunterricht. Ziel sollte es sein, ein Methodenbewusstsein bei Schüler*innen zu erzeugen, und zwar anhand von verschiedenen (nicht allen, aber je nach Lehrkraft exemplarisch ausgewählten) Methoden der Begriffsbildung und deren unterschiedlichen Problemzugängen. Unterrichtliches Bestreben sollte die Vermittlung eines angemessenen Verständnisses der Philosophie als pluraler Disziplin sein. Dazu gilt es die Pluralität der Methoden zur Begriffsbildung innerhalb der Philosophie exemplarisch zu vermitteln. Auf diesem Wege erlernen die Schüler*innen zugleich vielfältige (methodische) Fähigkeiten als begriffliche Kompetenzen (selbst)kritischen Denkens, wie beispielsweise genealogisches Begreifen, dekonstruktives Fragen oder kritisch-theoretisches Analysieren, welche auch über den Philosophieunterricht hinaus und außerhalb des schulischen Raums wirksame Anwendung finden können.

Was Sie aus diesem *essential* mitnehmen können

- grundlegendes Wissen über die wichtigsten Aspekte der fachphilosophischen Diskussion zum Begriff als Begriff und die sich daraus ergebenden didaktischen Konsequenzen einer Konzeption von Begriffen als Fähigkeiten
- eine Antwort auf die Frage, wie sich Begriffsbildung im Philosophie- und Ethikunterricht als Konzeptwechsel anleiten und umsetzen lässt
- Kenntnis eines Lehr-Lern-Modells zur allgemeinen philosophischen Begriffsbildung sowie eine beispielhafte Anwendung des Modells anhand einer Unterrichtsreihe zum Thema Verteilungsgerechtigkeit
- Möglichkeiten des Einsatzes von Darstellungsebenenwechsel und Lernproduktorientierung für das vertiefende Üben von Begriffsverständnissen
- Kenntnis von drei besonderen philosophischen Methoden der kritischen Begriffsbildung (Genealogie, Dekonstruktion und immanente Kritik) sowie eine beispielhafte unterrichtliche Anwendung zum Thema Geschlecht anhand eines Textauszuges von Rousseau

Literatur

Aebli, Hans. 1994. Zwölf Grundformen des Lehrens: Eine Allgemeine Didaktik auf psychologischer Grundlage. Stuttgart.

Bertram, Georg. 2002. Hermeneutik und Dekonstruktion. Wilhelm Fink Verlag.

Bohlmann, Markus. 2014. Experimental Philosophy, Analytic Philosophy and Canceptual Change. In: Jahrbuch für Didaktik der Philosophie und Ethik Bd. 15 Experimentelle Philosophie und Philosophiedidaktik, Hrsg. Johannes Rohbeck, 11–25. Dresden: Thelem.

Bohlmann, Markus. 2016. Die experimentelle Erforschung philosophischer Konzepte – Aufriss eines fachdidaktischen Forschungsprogramms. In: Jahrbuch für Didaktik der Philosophie und Ethik Bd. 17 Empirische Forschung in der Philosophie- und Ethikdidaktik, Hrsg. Johannes Rohbeck, Cordula Brand und Julia Dietrich, 51–71. Dresden: Thelem.

Brandom, Robert. 1994. Making It Explicit: Reasoning, Representing, and Discursive Commitment. Cambridge, Mass.: Harvard University Press.

Bruder, Regina/Hefendehl-Hebeker, Lisa/Schmidt-Thieme, Barbara/Weigand, Hans-Georg (Hg.). 2015. Handbuch der Mathematikdidaktik. Heidelberg.

Bruner, Jérôme. 1966. Toward a Theory of Instruction. Harvard.

Bruner, Jérôme (1971): Über die kognitive Entwicklung. In: J. Bruner/R. R. Olver/P. M. Greenfield (Hg.): Studien zur kognitiven Entwicklung. Stuttgart. 21–96.

Brödner, Alexander. 2023. Vermittlung und Erwerb von mathematischer Modellierungskompetenz. Zur Förderung eines ganzheitlichen Bildes der Mathematik im Schulunterricht. Springer.

Brödner, Alexander, und Steiger, Meike. 2023. Wohnraum als Frage der Gerechtigkeit – Ist es gerecht, dass familiärer Wohnraum in Deutschland ungleich verteilt ist? In: Ethik & Unterricht 1: 44–49.

Burkard, Anne, und Laura Martena. 2018. Zur Bedeutung von Präkonzepten im Philosophieunterricht: Theoretische Perspektiven und Möglichkeiten empirischer Forschung. In: Jahrbuch für Didaktik der Philosophie und Ethik Bd. 18 Werte und Wertevermittlung, Hrsg. Markus Tiedemann, 51–71. Dresden: Thelem.

Burkard, Anne, Franzen, Henning, Meyer, Kirsten, 2018. Zwischen Dissonanz und Kohärenz: Ein Strukturmodell für den Philosophieunterricht. In: Zeitschrift für Didaktik der Philosophie und Ethik 40(1): 87–95.

Carey, Susan. 2009. The Origin of Concepts. Oxford: Oxford University Press.

Cappelen, Herman. 2018. Fixing language: an essay on conceptual engineering. Oxford / New York: Oxford university press.
Deci, Edward, und Richard Ryan 2008. Self-determination theory: A macrotheory of human motivation, development, and health. In: Canadian Psychology / Psychologie Canadienne, 49(3), 182–185.
Demmerling, Christoph. 2021. Emotions and the Conceptual Space of Human Life. In: Concepts in Thought, Action, and Emotion: New Essays, Hrsg. Christoph Demmerling und Dirk Schröder, 181–198. New York: Routledge.
Demmerling, Christoph, und Dirk Schröder, Hrsg. 2021. Introduction. In: Concepts in thought, action, and emotion: new essays. New York: Routledge.
Engels, H. 1990. Vorschlag, den Problembegriff einzugrenzen. In: Zeitschrift für Didaktik der Philosophie und Ethik 3/1990.
Ennis, Robert H. 2018. Critical Thinking Across the Curriculum: A Vision. In: Topoi, 37(1): 165–184.
Facione, Peter. 1990. Critical Thinking: A Statement of Expert Consensus for Purposes of Educational Assessment and Instruction (The Delphi Report). In: Educational Resources Information Center (ERIC), 1–112.
Fodor, Jerry. 2010. Lot 2: The Language of Thought Revisited. New York: Oxford University Press.
Frege, Gottlob. 1892a. Über Begriff und Gegenstand. In: Funktion, Begriff, Bedeutung: Fünf logische Studien, Hrsg. G. Patzig, 47–60. Göttingen: Vandenhoek & Ruprecht.
Frege, Gottlob. 1892b. Über Sinn und Bedeutung. In: Funktion, Begriff, Bedeutung: Fünf logische Studien, Hrsg. G. Patzig, 23–46. Göttingen: Vandenhoek & Ruprecht.
Gefert, Christian. 2002. Didaktik theatralen Philosophierens. Untersuchungen zum Zusammenspiel argumentativ-diskursiver und theatral-präsentativer Verfahren bei der Texteröffnung in philosophischen Bildungsprozessen. Dresden.
Glock, Hans-Johann. 2010. Concepts, Abilities and Propositions. In: Grazer Philosophische Studien 81: 115–134.
Goldbeck, Steffen & Guntermann, Isabelle & Laschet, Oliver 2019. Das Kernphasen-Konzept. In: ZDPE 2019 / 3.
Guntermann, Isabelle. 2020. Stundentypen im Philoosphie- und Ehtikunterricht. In: Ethik und Unterricht 1/2020.
Henke, Roland W. 2017. Die Förderung philosophischer Urteilskompetenz durch kognitive Konflikte. In: Handbuch Philosophie und Ehtik. Band 1: Didaktik und Methodik, Hrsg. Julian Nida-Rümelin, Markus Tiedemann und Irina Spiegel, 86–94. Paderborn: Ferdinand Schöningh utb.
Horkheimer, Max. 1937. Traditionelle und kritische Theorie. In: Studies in Philosophy and Social Science 6: 245.
Jaeggi, Rahel. 2013. Kritik von Lebensformen, Frankfurt am Main: Suhrkamp.
Jahn, Dirk. 2012. Kritisches Denken fördern können. Entwicklung eines didaktischen Designs zur Qualifizierung pädagogischer Professionals. Aachen: Shaker Verlag.
Keil, Geert. 1988. Die Fachsprache der Philosophie als didaktisches Problem. In: Zeitschrift für Didaktik der Philosophie 10: 191–198.
Klafki, Wolfgang. 1963. Das pädagogische Problem des Elementaren und die Theorie der kategorialen Bildung, Weinheim.

Literatur

Kohnen, Marcus, und David Rott. 2023a. Kritisches (Be-)Denken im Kontext eines Nachhaltigkeits-Dilemmas. In: DDS – Die Deutsche Schule 2023: 117–130.

Kohnen, Marcus, und David Rott. 2023b. Kritisches Denken lehren und lernen. Schulische Partizipation und Teilhabe aller Schüler*innen in der Bildung für nachhaltige Entwicklung. Gemeinsam lebe. In: Zeitschrift für Inklusion 31: 118–125.

Lauer, David. 2014. Offenheit zur Welt. Die Auflösung des Dualismus zwischen Begriff und Anschauung. In: Die Philosophie John McDowells: ein Handbuch, Hrsg. Christian Barth und David Lauer. Münster: Mentis.

Laurence, Stephen, und Eric Margolis. 2021. Concepts Hrsg. Edward N Zalta, Uri Nodelman, Colin Allen und R Lanier Anderson. Stanford Encyclopedia of Philosophy. Fall 2022 Edition.

Lehner, Martin. 2020. Didaktische Reduktion. utb.

Leisen, Josef. 2016. Ein Lehr-Lern-Modell für personalisiertes Lernen durch Ko-Konstruktion im adaptiven Unterricht in heterogenen Lerngemeinschaften. In: Pädagogische Hochschule Vorarlberg F&E Edition 23. 23–32.

Leisen, Josef. 2017. Strukturierung und Planung von Unterricht. http://www.josefleisen.de [18.12.2024].

Leisen, Josef. 2018. Was Lehrkräfte brauchen – Ein praktikables Lehr-Lern-Modell. http://www.josefleisen.de [18.12.2024].

Liptow, Jasper. 2013. Begriffe als mentale Fähigkeiten. In: Deutsche Zeitschrift für Philosophie 61: 739–751.

Mamin, Cyrill. 2016. Projektarbeit im Philosophieunterricht. In: J. Pfister/P. Zimmermann (Hg.): Neues Handbuch des Philosophie-Unterrichts. Bern. 375–392.

Marsal, Eva/Dobashi, Takara. 2006. Das Spiel als vernunftzentrierte Leiberfahrung. Eine theoretische und empirische Begründung für das Spiel als Medium des Ethik- und Philosophieunterrichts. In: J. Rohbeck/V. Steenblock (Hg.): Jahrbuch für Didaktik der Philosophie und Ethik Bd. 7. Dresden.

McDowell, John. 1996. Mind and world. Cambridge, Mass.: Harvard University Press.

Meyer, Kirsten. 2017. Kompetenzorientierung. In: Handbuch Philosophie und Ethik, hrsg. v. Nida-Rümelin, Julian; Spiegel, Irina; Tiedemann, Markus, 104–113. Paderborn: Schöningh.

Mittelstraß, Jürgen. 2001. Philosophische Probleme zwischen Wissenschaft und Lebenswelt. In: Was ist ein »philosophisches« Problem?, hrsg. v. Schulte, Joachim; Wenzel, Uwe Justus, 134–144. Frankfurt am Main: Fischer Taschenbuch.

Nimtz, Christian, und Julia Langkau. 2010. Concepts in Philosophy – A rough geography. In: Grazer Philosophische Studien 81: 1–11.

Paret, Christoph 2023. Hier ist das Problem, her mit der Lösung! Das ‚Bonbonmodell' und die Austreibung der Philosophie aus den Schulen. In: Philosophiedidaktik und Bildungsphilosophie. J. B. Metzler, S. 209–222.

Perelman, Chaïm. 1967. Über die Gerechtigkeit. München: C. H. Beck.

Pfister, Jonas. 2017. Stundenfiguren – das Bonbonmodel, aber nicht nur. In: Information Philosophie, 1/2017. S. 100–101.

Pfister, Jonas. 2019. Classification of Strategies for Dealing with Student Relativism and the Epistemic Conceptual Change Strategy. In: Teaching Philosophy 42: 221–246.

Pfister, Jonas. 2020. Kritisches Denken. Stuttgart: Reclam.

Pfister, Jonas. 2022. Fachdidaktik Philosophie. Bern: Haupt Verlag.

Porps, Tim. 2025. Plädoyer für eine Neuausrichtung der Methodik des Philosophieunterrichts. Erscheint in: Thein C.; Wellmann, T.; Neuhaus, M.; (Hg.) Jahrbuch für philosophiedidaktische Forschung. SpringerVS/Metzler.

Posner, George, Kenneth Strike, Peter Hewson, und William Gertzog. 1982. Accommodation of a scientific conception: Toward a theory of conceptual change. In: Science Education 66: 211–227.

Pörschke, Tim. 2017. Das Bonbonmodell verbessern. In: Information 4/2017, S. 110–113

Pörschke, Tim. 2021. Unterrichtsplanung durch backward design. Zeitschrift für Didaktik der Philosophie und Ethik 1. 112–119.

Reiss, Kristina/Hammer, Christoph. 2013. Grundlagen der Mathematikdidaktik. Basel.

Rentsch, Thomas. 2003. Einführung in den Konstruktivismus – Proto-Ethik und didaktische Transformation. In: Jahrbuch für Didaktik der Philosophie und Ethik Bd. 4 Didaktische Transformationen, Hrsg. Johannes Rohbeck, 139–149. Dresden: Thelem.

Richter, Philipp. 2016. Unterrichtsmethoden in der didaktischen und fachdidaktischen Literatur: Bedeutung und Missverständnisse. In: Professionell Ethik und Philosophie unterrichten, hrsg. v. Richter, Philipp, 51–62. Stuttgart: Kohlhammer.

Rousseau, Jean-Jacques. 2019. 1762. Emil oder Über die Erziehung. utb.

Rohbeck, Johannes. 2016. Didaktik der Philosophie und Ethik. Dresden: Thelem.

Saar, Martin. 2007. Genealogie als Kritik: Geschichte und Theorie des Subjekts nach Nietzsche und Foucault, Campus.

Schecker, Horst, Thomas Wilhelm, Martin Hopf, und Reinders Duit, Hrsg. 2018. Schülervorstellungen und Physikunterricht: Ein Lehrbuch für Studium, Referendariat und Unterrichtspraxis. Berlin, Heidelberg: Springer.

Schröder, Dirk, und Christoph Demmerling. 2013. Fähigkeiten und praktische Begriffe. In: Deutsche Zeitschrift für Philosophie 61/5–6: 753–768.

SenBJF. 2015. Senatsverwaltung für Bildung, Jugend und Familie Berlin: Rahmenlehrplan für den Unterricht Jahrgangsstufen 7–10, Teil C, Ethik.

Sistermann, Rolf. 2016. Problemorientierung, Lernphasen und Arbeitsaufgaben. In: Neues Handbuch des Philosophie-Unterrichts, Hrsg. Jonas Pfister und Peter Zimmermann, 203–223. Haupt-Verlag utb.

Thein, Christian/Behnke, Merle. 2022. Der problemorientierte Ethikunterricht – Narrative und begriffliche Frage- und Textzugänge für Klassen 5 und 6. In: Ethik & Unterricht 2. 10–14.

Thein, Christian. 2015. Bildung als Initiation in den Raum der Gründe. In: Vierteljahresschrift für Wissenschaftliche Pädagogik 203–216.

Thein, Christian. 2020. From Pre-Concepts to Reasons: Empirically-Based Reconstruction of a Philosophical Learning Scenario. In: Journal of Didactics of Philosophy 4: 5–13.

Thein, Christian. 2021a. „Reichweite und Grenzen der Kontroversität im Philosophieunterricht." Fachverband Philosophie: Mitteilungen 2021: 111–126.

Thein, Christian. 2021b. Dimensionen der Aufklärung und Kritik in der philosophischen Bildung, in: Zeitschrift für Didaktik der Philosophie und Ethik 1/2021, S. 20–28.

Tiedemann, Markus. 2015. Problemorientierung. In: Handbuch Philosophie und Ethik, hrsg. v. Nida-Rümelin, Julian; Spiegel, Irina; Tiedemann, Markus, 70–78. Paderborn: Schöningh.

Weinert, Franz. 2002. Vergleichende Leistungsmessung in Schulen – eine umstrittene Selbstverständlichkeit. In: Leistungsmessungen in Schulen, Hrsg. Franz E Weinert, 17–31. Weinheim: Beltz.

Zech, Friedrich. 2002. Grundkurs Mathematikdidaktik: Theoretische und praktische Anleitungen für das Lehren und Lernen von Mathematik. Weinheim/Basel.

Zimmermann, Peter. 2016. Fachliche Klärung und didaktische Rekonstruktion. In: Neues Handbuch des Philosophie-Unterrichts, Hrsg. Jonas Pfister und Peter Zimmermann, 61–78.

The manufacturer's authorised representative in the EU is Springer Nature Customer Service Centre GmbH, Europaplatz 3, 69115 Heidelberg, Germany. If you have any concerns regarding our products, please contact ProductSafety@springernature.com

Printed and bound by CPI Group (UK) Ltd, Croydon, CR0 4YY

23/03/2026

02076397-0005